MARTIN KRIELE

Die nicht-therapeutische Abtreibung vor dem Grundgesetz

Schriften zum Öffentlichen Recht

Band 625

Die nicht-therapeutische Abtreibung vor dem Grundgesetz

Von

Martin Kriele

Duncker & Humblot · Berlin

Der Text ist aus einem Rechtsgutachten hervorgegangen, das die Bayerische Staatsregierung dem Bundesverfassungsgericht im Normenkontrollverfahren betreffend das Schwangeren- und Familienhilfegesetz vom 27. Juli 1992 – BGBl 1992 I 1398 – vorgelegt hat.

Die Deutsche Bibliothek – CIP-Einheitsaufnahme

Kriele, Martin:
Die nicht-therapeutische Abtreibung vor dem Grundgesetz /
von Martin Kriele. – Berlin : Duncker und Humblot, 1992
  (Schriften zum öffentlichen Recht ; Bd. 625)
  ISBN 3-428-07659-1
NE: GT

Alle Rechte vorbehalten
© 1992 Duncker & Humblot GmbH, Berlin 41
Fotoprint: Werner Hildebrand, Berlin 65
Printed in Germany
ISSN 0582-0200
ISBN 3-428-07659-1

Inhaltsverzeichnis

1. Hauptteil

Entscheidungsgrundlagen: Präjudiz und Beweislast

I. Anknüpfung an BVerfGE 39, 1 7
    § 1   Regulierung der Begründungspflicht 7
    § 2   Plenarentscheidung erforderlich? 10
    § 3   „Tragende Gründe" 12
    § 4   Die tragenden Gründe in BVerfGE 39, 1 15
    § 5   Schlußfolgerungen 16

II. § 6   Beweislast 19

III. „Richterliche Zurückhaltung" 24
    § 7   Amerikanische Erfahrungen 24
    § 8   Der Supreme Court zur Abtreibungsfrage 26
    § 9   Zur demokratischen Legitimität der Normenkontrolle 28

2. Hauptteil

Der Schutz des Lebens (Art. 2 II Satz 1 GG)

I. Analyse der Neuregelungen 30
    § 10   „Fristenlösung" 30
    § 11   „Nicht rechtswidrig" 33
    § 12   Der Widerspruch zum Embryonenschutzgesetz 37
    § 13   Die sozialen Regelungen 40
    § 14   Beratung 42

II. Die Verletzung der Schutzpflicht 45
    § 15   Warum die Abtreibungszahlen steigen werden 45
    § 16   Erfahrungen aus der ehemaligen DDR 47
    § 17   Die Destruktion des Unrechtsbewußtseins 48
    § 18   Statistische Erfahrungen 49

III. Lebensschutz durch Selbstbestimmung? Zur Stellungnahme der SPD-geführten Länder 54
    § 19   Die doppelte Motivation des Gesetzes 54
    § 20   Der neue Gewissensbegriff 55
    § 21   Abtreibung als Unterlassungsdelikt 58
    § 22   Umgehung der Beratung als Straftat 60

§ 23	Der Wegfall der rechtlichen Mißbilligung	61
§ 24	„Tendenzberatung"	63

IV. Zurück zur Wirklichkeit 66

    § 25 Pro familia 66
    § 26 Die „Familienplanungszentren" 72
    § 27 Beweisanregungen 75
    § 28 Zum „Memminger Prozeß" 78
    § 29 Folgerungen 80

V. Ist das Strafrecht wirkungslos? Zur Stellungnahme des Bundestages 86

    § 30 „Symbolisches Strafrecht" 86
    § 31 Die „Ungeeignetheit" des Strafrechts 89
    § 32 Zu Deutschland und Europa 92

3. Hauptteil

Der Schutz der Menschenwürde (Art. 1 I GG)

I. Warum Schutz des Ungeborenen? 95

    § 33 Menschenwürde gegen Utilitarismus 95
    § 34 Ist der Embryo Mensch? 101
    § 35 Lebensrecht und Selbstbestimmungsrecht 104

II. Strafdrohung und Rechtfertigung 107

    § 36 Umgehung der Beratung als Straftat 107
    § 37 Rechtfertigung durch Beratung 108
    § 38 § 218 a I StGB als Eingriffsgesetz 109
    § 39 Schlußfolgerungen 114

III. Einzelne Verletzungen der Menschenwürde 116

    § 40 Die Würde der Frau und die Interessen der Männer 116
    § 41 Die Menschenwürde des Arztes 119
    § 42 Die Verstrickung der Versicherten 122

IV. § 43 Mindestbedingungen eines verfassungskonformen Gesetzes 125

Anhang: Die strittigen und die geltenden Regelungen   127

1. Hauptteil

Entscheidungsgrundlagen: Präjudiz und Beweislast

I. Anknüpfung an BVerfGE 39,1

§ 1 Regulierung der Begründungspflicht

Frühere Entscheidungen des Bundesverfassungsgerichts sind insofern beachtlich, als eine Abweichung von ihnen der Begründung in kritischer Auseinandersetzung mit ihren Gründen bedarf. Es ist zwar richtig, wenn man sagt: das strittige Gesetz ist am Maßstab des Grundgesetzes zu messen. Das Grundgesetz steht aber nicht als nackter Gesetzestext vor uns, dessen unbestimmte Formeln immer von neuem mit Hilfe der Auslegung aus Wortlaut, Entstehungsgeschichte, systematischen Zusammenhängen zu klären wäre, und dessen Auslegung mit jeder personellen Neubesetzung schwankt. Die klärungsbedürftigen Fragen sind vielmehr zum Teil schon Gegenstand der Auslegung gewesen. Die bisherige Auslegung ist zwar für das Bundesverfassungsgericht selbst nicht verbindlich. Es kann von ihnen abweichen, sowohl um neuen Tatsachen oder neuen Tatsachenerkenntnissen (z.B. als irrig erwiesenen Prognosen), als auch um neuen Rechtsauffassungen Rechnung zu tragen. Ohne diese Flexibilität käme es zu einer Erstarrung, die einen Fortschritt der Rechtswissenschaft und der Rechtserkenntnis blockierte.

Andererseits aber setzt die Kontinuität der Rechtssprechung die Anknüpfung an die eigenen Präjudizien voraus. Anknüpfung bedeutet: Präjudizien haben die (widerlegliche) Vermutung für sich, das Grundgesetz richtig ausgelegt zu haben, sie weisen dem, der von ihnen abweichen will, eine besondere Begründungspflicht zu. Er genügt dieser Begründungspflicht, indem er sich mit den tragenden Gründen des Präjudiz kritisch auseinandersetzt, dartut, wo ihr Fehler steckt und warum und inwiefern sie deshalb durch neuere und besser begründete Rechtsauffassungen abzulösen sind. Gibt es keine besseren Gründe, warum sollte man dann vom Präjudiz abweichen? "Im Zweifel" also bleibt es bei den Rechtsauffassungen des Präjudiz.[1]

---

[1] Die Praxis dieser sogenannten Präjudizienvermutung und ihre Gründe hat der Verfasser näher erläutert in: Theorie der Rechtsgewinnung, entwickelt ein Problem der Verfassungsinterpre-

Das entspricht der ständigen Praxis des Bundesverfassungsgerichts. Es gibt kaum eine Entscheidung, die in den Gründen nicht auf Präjudizien verweist. Dieser Verweis genügt dem Bundesverfassungsgericht meistens zur Begründung einer Rechtsauffassung. Nur in den Fällen der Abweichung wird auf das Präjudiz näher eingegangen. Die gleiche Praxis wird auch vom Bundesgerichtshof und allen anderen deutschen Obergerichten im Blick auf ihre eigenen Vorentscheidungen geübt. Es handelt sich nicht, wie in der Literatur gelegentlich unterstellt, um die Übernahme einer anglo-amerikanischen Rechtsmethode, die der kontinentaleuropäischen Rechtstradition fremd wäre. Es handelt sich vielmehr um in der Natur der Dinge liegende Sachnotwendigkeiten. Diese liegen in folgendem:

Nur auf der Grundlage der Präjudizienvermutung ist gewährleistet, daß sich die höchstrichterliche Rechtsprechung in ihrer Auslegungspraxis an generellen und abstrakten, über den Einzelfall hinausweisenden Maximen orientiert. Nur dadurch sichert sie Gleichbehandlung, Widerspruchsfreiheit, Rechtssicherheit, Kontinuität, Verläßlichkeit und eine gewisse Vorhersehbarkeit der Entscheidung. Nur auf dieser Grundlage ist der Richter veranlaßt, bei seiner Auslegung zu berücksichtigen, daß seine Entscheidung künftig als Präjudiz herangezogen wird, also so zu entscheiden, daß er (nach *Kants* Formel) wollen kann, daß die Maxime seine Entscheidung zur generellen Maxime werde. Nur unter dieser Voraussetzung kann die Rechtswissenschaft mit ihren Entscheidungsvorschlägen und ihrer Urteilskritik fruchtbar werden, und nur so können sich rechtsdogmatische Institutionen bilden. Nur so läßt sich Komplexität reduzieren: der Verweis auf die ständige Rechtsprechung erspart, immer von neuem alle grundsätzlichen Probleme von Grund auf zu erörtern. Nur so läßt sich eine Rechtserkenntnis auf die andere aufbauen und ein Fortschritt erzielen.

Für das Bundesverfassungsgericht ist die Kontinuität der Rechtsprechung zusätzlich noch aus einem besonderen Grund erforderlich: Während sonst die höchstrichterliche Rechtsprechung auch für die nachgeordneten Gerichte nur die Bedeutung von Präjudizien hat, von denen sie in Auseinandersetzung mit ihren Gründen abweichen dürfen, "binden" die Entscheidungen des Bundesverfassungsgerichts alle Verfassungsorgane, Behörden und Gerichte (§ 31 I BVerfGG). Diese Organe sind also verpflichtet, sich an ihnen als Präzedens zu orientieren.

---

tation, 2.Aufl. 1976, S. 243 ff. Recht und praktische Vernunft, 1979, S. 91 ff und: Grundrechte und demokratischer Gestaltungsspielraum in: Handbuch des Staatsrechts V, § 110 Rn 29 ff.

Präzedenswirkung bedeutet: Indem das Bundesverfassungsgericht z.B. einen Steuerbescheid für verfassungswidrig erklärt, legt es zugleich verbindlich fest, daß jeder "solche", "derartige", "im wesentlichen gleiche" Steuerbescheid verfassungswidrig ist: daran haben sich die Finanzbehörden und die Finanzgerichte zu orientieren. Und ebenso: eine "solche" Strafvollzugsmaßnahme, Hausdurchsuchung, Brief- und Telefonkontrolle, Demonstrationsüberwachung, Parteienfinanzierung usw. hat fortan als verfassungswidrig zu gelten. Diese Orientierungspflicht wäre kaum möglich und jedenfalls unzumutbar, wenn das Bundesverfassungsgericht von Fall zu Fall mal so, mal so entschiede. Sie setzt vielmehr voraus, daß das Bundesverfassungsgericht eine gewisse Kontinuität walten läßt.

Auch wenn dies keine Selbstbindung des Bundesverfassungsgerichts impliziert, so bedeutet es doch: vom Bundesverfassungsgericht wird erwartet, daß es von seinen früheren Entscheidungen nur aus gewichtigen Gründen abweicht, also nur, wenn sie neuen rechtlichen oder tatsächlichen Einwänden nicht mehr standhalten, und nur, um eine neue Präjudizienkette zu beginnen, an der sich die Verfassungsorgane, Behörden und Gerichte "von nun an" zu orientieren vermögen. Nur auf diese Weise lassen sich Kontinuität und Flexibilität, Bindungswirkung für andere und Freiheit von Selbstbindung miteinander in Einklang bringen.

Auf diese Weise bleibt es auch den Verfassungsorganen, Behörden und Gerichten möglich, sich in besonderen Grenzfällen über die präjudizielle Bindungswirkung des § 31 I BVerfGG hinwegzusetzen und das Bundesverfassungsgericht zu einer Korrektur seiner bisherigen Rechtsprechung herauszufordern. Diese Möglichkeit soll durch § 31 I BVerfGG nicht prinzipiell verschlossen werden: es muß schließlich zulässig bleiben, neuen Rechtserkenntnissen oder neuen tatsächlichen Erfahrungen Geltung zu verschaffen. § 31 I BVerfGG stellt eine Regel auf, die Ausnahmen im Einzelfall nicht ausschließt. Vor allem der Zeitablauf vermag Ausnahmen zu rechtfertigen. Man könnte sagen, daß die präjudizielle Bindung mit der Zeit "verblaßt".

Es ist ferner die Frage aufgetaucht, ob sich die Bindungswirkung des § 31 I BVfGG wirklich auf alle Verfassungsorgane, also auch den Gesetzgeber erstreckt, oder ob man - entgegen dem Wortlaut - den Gesetzgeber davon ausnimmt. Letzteres ist die neuere Auffassung des 1. Senats in seinem Beschluß vom 6. Oktober 1987 (BVerfGE 77, 84):

"§ 31 BVerfGG und die Rechtskraft normverwerfender verfassungsgerichtlicher Entscheidungen hindern den Gesetzgeber nicht, eine inhaltsgleiche oder inhaltsähnliche Neuregelung zu beschließen" (S.103).

Das ist als tatsächliche Feststellung richtig, entspricht aber auch der Überlegung, daß § 31 I nicht grundsätzlich ausschließt, sich über die Präzedenzbindung in besonderen begründeten Ausnahmefällen hinwegzusetzen.[2]

Unabhängig davon aber ist jedenfalls das BVerfG gehindert, ohne schwerwiegende Gründe von den Rechtsauffassungen abzuweichen, die durch seine früheren Entscheidungen bindend geworden sind. Sollte es zu der Überzeugung kommen, das neue Gesetz sei bei Zugrundelegung dieser Rechtsauffassungen verfassungswidrig, so wird es das Gesetz nicht deshalb aufheben, weil dieses ein "Wiederholverbot" verletzt hat, sondern deshalb, weil es mit diesen (das Grundgesetz auslegenden) Rechtsauffassungen nicht in Einklang steht. Diese Feststellung ist also ganz unabhängig davon, wie weit die Bindungswirkung des § 31 I BVerfGG ein Wiederholverbot impliziert und welche Rechtsfolgen seine Verletzung typischerweise auslösen kann.

§ 2 Plenarentscheidung erforderlich?

Nur vor dem Hintergrund des § 31 I BVerfGG wird die Regelung des § 16 BVerfGG verständlich. Will der Senat in einer Rechtsfrage von der in einer Entscheidung des anderen Senats enthaltenen Rechtsauffassung abweichen, so entscheidet darüber das Plenum des Bundesverfassungsgerichts. Die Frage, ob gegebenenfalls die Anrufung des Plenums erforderlich ist, stellt sich vor allem im Blick auf das Urteil des 1. Senats vom 25. Februar 1975 (BVerfGE 39, 1 ff), da diesem ein in vieler Hinsicht ähnliches Gesetz zugrundelag. Der Senat kann also das Gesetz nur dann für verfassungsmäßig erklären, wenn er zu der Überzeugung kommt, daß es mit den dort niedergelegten Rechtsauffassungen im Einklang steht, und zwar - im Blick auf § 15 II 3 BVerfGG - mit mindestens vier Stimmen. Andernfalls muß er es entweder für verfassungswidrig erklären oder eine Revision jener Rechtsauffassung herbeiführen.

Dazu bedarf es gemäß § 16 I BVerfGG der Entscheidung des Plenums. Der Notwendigkeit, dieses anzurufen, kann der Senat nur ausweichen, wenn der 1.Senat auf Anfrage erklärt, daß er an seiner Rechtsauffassung nicht festhalte (§ 48 II der Geschäftsordnung des BVerfG). Diese Regelung erscheint zwar mit dem Wortlaut des § 16 I BVerfGG auf den ersten Blick nicht vereinbar zu sein: Sie läuft auf eine Umgehung dessen hinaus, was das Gesetz mit klaren Worten vorschreibt. Sie läßt sich jedoch vom Sinn und Zweck der Vorschrift

---

[2] *Benda/Klein* vermuten, daß der 1.Senat mit dieser Äußerung "den Weg für die gesetzliche Neuordnung ganz anderer Bereiche ebnen wollte. Zu denken ist vor allem an die anstehende Neuregelung des Schwangerschaftsabbruchs in einem vom Bundesverfassungsgericht früher für nichtig erklärten Sinn" (Lehrbuch des Verfassungsprozeßrechts 1991, S. 520).

rechtfertigen: Es kommt - gerade wegen der Bindungswirkung des § 31 I - darauf an, Widersprüche zwischen den Senaten zu vermeiden und deutlich zu machen, daß sich die Verfassungsorgane, Behörden und Gerichte künftig allein an der neuen Entscheidung zu orientieren haben und daß die frühere Rechtsauffassung aufgegeben ist. Für diesen Zweck genügt es, wenn der andere Senat ausdrücklich erklärt, an seiner Rechtsauffassung nicht festzuhalten, vorausgesetzt, daß dies im Rahmen der neuen Entscheidung öffentlich gemacht wird.

Schwer vertretbar hingegen erschiene eine weitergehende Schlußfolgerung: mit der Übertragung der Zuständigkeiten von einem Senat auf den anderen im Sinne von § 14 IV BVerfG werde der von nun an zuständige Senat gewissermaßen zum Rechtsnachfolger des früher zuständigen; dessen frühere Entscheidungen sollten so angesehen werden, als handele es sich um Entscheidungen des jetzt zuständigen Senats. Es sei dann nicht einmal die Anfrage erforderlich, ob dieser seine Rechtsauffassung aufrechterhalte. Damit käme es in der Öffentlichkeit zu dem Eindruck eines zwiegespaltenen Bundesverfassungsgerichts. Die durch die Bindung des § 31 I Verpflichteten wüßten oft nicht, woran sie sich zu orientieren haben. Gewiß entstünde diese Unsicherheit nicht im Blick auf die Abtreibungsfrage: hier wäre klar, erstens, daß nun der zweite Senat zuständig ist, zweitens, daß die jüngere Entscheidung der älteren vorgeht. Aber die Frage ist ja nicht nur im Blick auf so klare Fälle, sondern generell und abstrakt zu beurteilen.

Auch wenn sich die Anrufung des Plenums auf die eine oder andere Weise umgehen läßt, so bleibt doch der Kerngedanke des § 16 I davon unberührt: die Abweichung von der "in einer früheren Entscheidung enthaltenen Rechtsauffassung" ist ein Akt, der die in § 31 I begründete Bindung des früheren Präjudiz für die Verfassungsorgane, Gerichte und Behörden aufhebt und eine neue Präjudizienkette einleitet, und der deshalb, wenn nicht der Plenarentscheidung, so doch jedenfalls einer sorgfältigen Erwägung und Begründung bedarf.

Das Bundesverfassungsgericht ist in einer älteren Entscheidung noch weiter gegangen und hat angenommen, § 16 I erkläre sich daraus, daß sich die in § 31 I begründete Bindungswirkung der Entscheidung des einen Senats bis zu ihrer Revision durch das Plenum auf den anderen Senat erstrecke. Dies ergibt sich jedenfalls aus dem Argument: für die Abweichung von Beschlüssen der "Vorprüfungsausschüsse" des damaligen § 93 a III gelte § 16 I u.a. deshalb nicht, weil diesen Beschlüssen "keine Bindungswirkung gemäß § 31 I BVerfGG" zukomme (BVerfGE 23,207). Folgt man dieser Ansicht, so dürfte § 16 I eigentlich nicht umgehbar sein, auch nicht um der Flexibilität willen:

dem Erfordernis der Flexibilität wird dann gerade durch die Möglichkeit der Plenarentscheidung Rechnung getragen.

Aber auch wenn man das als zu weitgehend erachtet und den Grund für § 16 I vorwiegend in der Widerspruchsvermeidung sieht und die Plenarentscheidung deshalb für umgehbar hält, liegt zutage, daß die Widerspruchsvermeidung vor allem wegen der Bindungswirkung des § 31 I für andere Organe, Behörden und Gerichte erforderlich ist. Denn diese bezieht sich nicht oder nicht nur auf die Rechtskraft der konkreten Entscheidung. Sie meint auch nicht, daß die objektiven oder subjektiven Grenzen der Rechtskraft erweitert würden, sondern sie meint präjudizielle Bindung, und diese besteht (mit sich abschwächender Kraft) bis zur formellen Abweichung des Bundesverfassungsgerichts vom Präjudiz. Daraus folgt also, daß das Bundesverfassungsgericht, auch wenn es an seine Präjudizien nicht gebunden ist, diese doch zu beachten hat und von ihnen nur mit sorgfältiger Begründung abweichen kann.

Diese Beachtungpflicht des Bundesverfassungsgerichts hat denselben Inhalt und Umfang wie die Bindungswirkung des § 31 I. Der Unterschied liegt nur darin, daß dem Bundesverfassungsgericht die begründete Abweichung gestattet ist, während sich die anderen Organe, Gerichte und Behörden - von den erwähnten Einschränkungen abgesehen - strikt am Präjudiz zu orientieren haben.

Da die Auslegung des § 16 I BVerfGG auf der Auslegung des § 31 I BVerfGG fußt, ergibt sich: die Entscheidungen des ersten Senats sind für den zweiten Senat soweit bindend, wie ihre Präzedenswirkung im Sinn von § 31 I reicht. Will der Senat davon abweichen, so kann er das nicht von sich aus tun, sondern muß das Plenum anrufen, sofern nicht der erste Senat formell erklärt, an seiner früheren Rechtsauffassung nicht festzuhalten.

§ 3 "Tragende Gründe"

Aber auch, wenn die Plenarentscheidung auf diese Weise umgehbar ist, ist das Bundesverfassungsgericht gehalten, die Entscheidung BVerfGE 39,1 nicht einfach unbeachtet zu lassen und die Rechtsfragen von Grund auf neu zu erwägen, sondern in seinen Überlegungen von diesem Präjudiz auszugehen und, wenn es von ihm abweichen will, Schritt für Schritt darzulegen, inwiefern es angesichts neuer rechtlicher oder tatsächlicher Erkenntnisse nicht mehr aufrechtzuerhalten ist.

Damit stellt sich die Frage, wie weit diese Beachtungspflicht reicht und worauf genau sie sich bezieht. Es bedarf zunächst keiner Ausführung, daß nur solche Rechtsausführungen in Betracht kommen, die die Verfassung auslegen, nicht jedoch einfache Gesetze oder sonstige Rechtsvorschriften. Denn so wie die Bindungswirkung aus § 31 I kann auch die Beachtungspflicht nur soweit gehen, "wie die Funktion des Bundesverfassungsgerichts als maßgeblicher Interpret und Hüter der Verfassung dies erfordert" (BVerfGE 40, 88, 93.)

Ebensowenig kommen obiter dicta in Betracht. Denn diese sind nicht "in einer Entscheidung enthalten", sondern lediglich in den Entscheidungsgründen; sie werden "bei Gelegenheit" der Entscheidung gemacht. Sie dienen der Erläuterung oder geben Hinweise, wie der Senat in andersliegenden Fällen wahrscheinlich entscheiden würde. Sie können eine gewisse Autorität nur durch die Überzeugungskraft ihrer Argumente entfalten.

An der präjudiziellen Wirkung im Sinn von § 31 I BVerfGG, an der Bindungswirkung im Sinn von § 16 I BVerfGG und dementsprechend auch an dieser Beachtungspflicht haben nur die "tragenden" Entscheidungsgründe teil. "Tragend" sind diejenigen Gründe, die nicht hinweggedacht werden können, ohne daß die Entscheidung zu einem anderen Ergebnis gekommen wäre, m.a.W. die Gründe, die eine "conditio sine qua non" der Entscheidung sind.[3]

In der angelsächsischen jurisprudence spielt die Frage eine große Rolle, welche Entscheidungsgründe als "tragend" anzusehen sind und welche nicht. Sie dient hier zur Abgrenzung zwischen "overruling" und "distinguishing", also zwischen Abweichung von der bisherigen Rechtsprechung und ihrer interpretierenden Fortbildung. Die deutsche Methodenlehre hat sich aus traditionellen Gründen wenig mit dieser Frage befaßt, obwohl - bei allen Unterschieden zwischen angelsächsischem und kontinentaleuropäischem Rechtsdenken - die Probleme in gewisser Weise parallel liegen. Ist man bereit, sich von der angelsächsischen jurisprudence anregen zu lassen, so lassen sich folgende Gesichtspunkte gewinnen:

Die eigentlich tragenden Entscheidungen müssen sich nicht immer in den Rechtsausführungen der Entscheidungsgründe finden. Es ist nicht selten, daß die "Entdeckung" eines Rechtsprinzips dem Gericht nicht immer von vornherein klar im Bewußtsein stand: erst nach einer längeren Rechtsprechungskette kristallisiert sich das "eigentlich Gemeinte" heraus und bilden sich neue Rechtsinstitutionen. Daß das in der deutschen Rechtsentwicklung nicht anders ist, zeigt sich an zahlreichen Beispielen, so etwa in der Zivilrechtsprechung zur positiven Forderungsverletzung, zur culpa in contrahendo, zum Wegfall

---

[3] BVerfGE 1,37; 19,292; 20,87 und ständig.

der Geschäftsgrundlage. Die Erstentscheidung erscheint dann im Rückblick zwar in der Sache richtig, in der Begründung aber insofern nicht korrekt, als der eigentlich gesuchte tragende Grund nicht zum Ausdruck kam und statt dessen andere Gesichtspunkte als tragende Gründe angegeben wurden. Die Ertsentscheidung ist dann gleichwohl ein Präjudiz für die weitere Institutionenbildung. Man denkt sich die in den Entscheidungsgründen ausgeführten Rechtsdarlegungen durch die richtigen "ersetzt".

Folgt man dieser Auffassung, so müssen die "tragenden Gründe" des Präjudiz nicht notwendigerweise in den Entscheidungsgründen enthalten sein. Präjudizielle Wirkung bedeutet dann aber: man darf dem Präjudiz zwar bessere Gründe unterstellen, nicht aber Gründe, bei denen das Gericht zu einer anderen Entscheidung gekommen wäre. Stellt man die Entscheidung als solche in Frage, so bedeutet das ein "overruling", also die Preisgabe der bisherigen Rechtsprechung und den Beginn einer neuen Präjudizienkette. Dazu aber bedarf es einer kritischen Auseinandersetzung mit dem Präjudiz, für die man die volle Begründungslast trägt.

Das Problem der tragenden Gründe wird vor allem im Blick auf BVerfGE 39,1 relevant. Hiernach wäre also zu fragen:

1. Welche in den Entscheidungsgründen ausgeführten Rechtsgedanken könne nicht hinweggedacht werden, ohne daß die Entscheidung entfiele, bzw. welche dort nicht ausgeführten Rechtsgedanken würden die Entscheidung besser, richtiger, klarer, überzeugender tragen?

2. Welche Einwände lassen sich gegen die so definierten tragenden Gründe erheben? Wo steckt eventuell ihr Fehler, insbesondere, welche Gesichtspunkte lassen sie aus? Inwiefern ist die damalige Entscheidung als prinzipiell fehlerhaft anzusehen? Warum hätte man damals richtigerweise anders entscheiden (also die Fristenregelung für verfassungsmäßig erklären) sollen? Nur wenn man dies überzeugend dartun kann, kann das Bundesverfassungsgericht von BVerfGE 39,1 grundsätzlich abweichen, ohne die Grundregeln guter Richterkunst zu mißachten.

§ 4 Die tragenden Gründe in BVerfGE 39,1

Die Frage ist also zunächst, welche Entscheidungsgründe in BVerfGE 39,1 nicht hinweggedacht werden können, ohne daß die Entscheidung entfiele - auch nicht, indem man sie gedanklich durch bessere Gründe ersetzt.

Das Bundesverfassungsgericht pflegt zwar in den "Leitsätzen" die Gesichtspunkte herauszustellen, die es als die tragenden ansieht. Die Leitsätze sind jedoch nur geeignet, eine erste Orientierung zu geben. Die Frage, welche Gründe "tragend" sind, kann nicht das erkennende Gericht verbindlich entscheiden. Diese Frage zu beurteilen, ist vielmehr Aufgabe des Interpreten des Präjudiz, insbesondere des Gerichts, das darüber befinden muß, ob es von der Entscheidung abweichen oder diese nur differenzieren will.

Zu den tragenden Gründen, gewissermaßen dem logischen Gerüst, aus dem kein Stück herausgebrochen werden kann, ohne daß die Entscheidung nicht aufrechtzuerhalten wäre, gehören mindestens folgende:

1. Das Grundrecht auf Leben aus Art. 2 II Satz 1 GG ist nicht nur ein Abwehrrecht gegenüber der öffentlichen Hand, sondern begründet auch eine staatliche Schutzpflicht gegenüber Eingriffen Dritter.

2. Diese Schutzpflicht erstreckt sich auch auf den nasciturus, und zwar während der ganzen Dauer der Schwangerschaft.

3. Der Gesetzgeber muß die grundsätzliche Rechtswidrigkeit der Abtreibung deutlich zum Ausdruck bringen.

4. Er muß als "ultima ratio" auch das Strafrecht einsetzen, selbst wenn seine abschreckende Wirkung zweifelhaft oder gering ist, insofern es auf die Vorstellungen der Bevölkerung von Recht und Unrecht Einfluß hat und damit zumindest mittelbar dem Lebensschutz dient.

5. Das Selbstbestimmungsrecht der Schwangeren über ihren Körper schließt nicht ein, daß sie über das Lebensrecht des nasciturus frei bestimmen könnte. Straffreiheit ist aber "verfassungsrechtlich hinzunehmen" (S. 48), wenn sonst die Betroffene über das zumutbare Maß hinaus zur Austragung der Schwangerschaft gezwungen werden müßte.

6. Unzumutbarkeit liegt nur vor bei Umständen von erheblichem Gewicht, die der Betroffenen die Erfüllung ihrer Pflicht so außergewöhnlich erschweren, daß sie billigerweise von ihr nicht erwartet werden kann, nämlich bei der medizinischen Indikation sowie bei anderen "ähnlich schwerwiegenden" (S. 49) Indikationen. Zu diesen darf außer der eugenischen und kriminologischen auch die Notlagenindikation gerechnet werden, wenn der Konflikt von vergleichbarer Schwere ist (S. 50).

7. Eine "Fristenlösung" ist deshalb verfassungswidrig.

Gelegentlich ist die Frage aufgetaucht, ob (8.) zu den tragenden Gründen auch die Auffassung gehört, daß bei Unzumutbarkeit der Abtreibung die Straffreiheit nicht nur verfassungsrechtlich hinzunehmen ist, sondern die Frau darauf ein Recht hat und in solchen Fällen zur Austragung der Schwangerschaft nicht gezwungen werden darf (S. 48). Ein Gesetz, das ein solchen Zwang vorsieht, stand jedoch nicht zur Beurteilung an. Dieser Gesichtspunkt war also nicht entscheidungserheblich und kann deshalb nicht zu den "tragenden Gründen" gezählt werden.

§ 5 Schlußfolgerungen

Sind die "tragenden Gründe" in den Punkten 1 - 7 zutreffend zusammengefaßt, so ergeben sich für den Senat folgende Möglichkeiten:

a) Entweder er hält an diesen Prinzipien fest und erklärt das jetzt zur Beurteilung anstehende Gesetz deshalb - und eventuell aus weiteren Gründen - für verfassungswidrig.

b) Oder er hält es für verfassungsmäßig, weil er mit mindestens vier Stimmen zu der verfassungsrechtlichen Überzeugung kommt, daß eines oder mehrere der genannten Prinzipien nicht mehr aufrechtzuerhalten sind ("overruling"). Dann muß er gemäß § 16 BVerfGG das Plenum entscheiden lassen, es sei denn, der 1.Senat erklärt formell, an seiner Rechtsauffassung nicht festzuhalten.

c) Oder er hält das Gesetz unter Aufrechterhaltung aller sieben Prinzipien für verfassungsmäßig, weil der Fall anders liegt ("distinguishing"). Eine solche Entscheidung könnte er ohne Anrufung des Plenums aus eigener Vollmacht treffen.

Sie würde die Überzeugung voraussetzen, daß sich das jetzige Gesetz von dem damaligen so wesentlich unterscheide, daß - jedenfalls bei differenzierender Interpretation der damals tragenden Gründe und Herausarbeitung ihres eigentlich gemeinten Rechtsgedankens - die Feststellung seiner Verfassungsmäßigkeit keine Abweichung von den damals tragenden Rechtsauffassungen bedeute. Anders gewendet: Hätte dem 1.Senat 1975 das jetzige Gesetz vorgelegen, so hätte er dieses für verfassungsmäßig erklärt: das ergebe sich aus dem rechten Verständnis seiner damaligen Entscheidung.

Um zu diesem Ergebnis zu finden, müßte der Senat etwa zu folgenden Überzeugungen kommen: Das jetzt zur Beurteilung stehende Gesetz bringe die rechtliche Mißbilligung der Abtreibung in § 218 StGB klar und deutlich zum Ausdruck und könne deshalb nicht dazu führen, die Vorstellungen von Recht und Unrecht zu verwirren. Es enthalte auch keine Fristen-, sondern eine Indikationenregelung; diese sei sogar besonders streng, weil sie nur noch die medizinische und eugenische Indikation vorsehe (§ 218 a Abs. II und III), nicht mehr jedoch die kriminologische Indikation und die der sozialen Notlage. Die in § 218 a Abs. I vorgesehene 12-Wochenfrist sei nicht geeignet, das in § 218 zum Ausdruck gebrachte Unrechtsurteil zu beseitigen und das Rechtsbewußtsein zu verwirren, weil sie nicht als Beseitigung der Tatbestandsmäßigkeit gedeutet werden könne, wie eventuell der damalige § 218 a ("... ist nicht nach § 218 strafbar"). Vielmehr sei sie als besonderer Rechtfertigungsgrund ausgestaltet, und dieser sei an eine strenge Bedingung geknüpft, nämlich an die Vorlage eines Beratungsscheins. Zudem gewährleiste die Beratung, daß die flankierenden sozialen Regelungen eine eventuell doch eintretende Beeinträchtigung des Lebensschutzes "in ihrer Wirkung zumindest auszugleichen vermöchte" (BVerfGE 39,65). Unter diesen Umständen sei als erwiesen anzusehen, daß das Gesetz den Lebensschutz verbessere oder zumindest nicht beeinträchtige. Nur darauf aber sei es dem 1.Senat 1975 angekommen, zumindest, wenn man den gedanklichen Kern der Entscheidungsgründe, das eigentlich Gemeinte, herausarbeite und eventuell besser verstehe, als es damals zum Ausdruck gekommen sei. Man könne also unbedenklich davon ausgehen, daß der damalige 1.Senat an einer Regelung, wie sie jetzt vorliege, verfassungsrechtlich keinen Anstoß genommen hätte.

Mit Überlegungen dieser Art ist die äußerste Grenze des allenfalls noch denkbaren "distinguishing" bezeichnet. Findet der Senat sie nicht überzeugend (oder gar abwegig), so kann er das Gesetz nur durch ein "overruling" für verfassungsmäßig erklären.

Hinzuzufügen ist, daß der Senat zu einem Abweichen von den unter 1. - 4. genannten "tragenden Gründen" schon deshalb keinen Anlaß hat, weil diese Prinzipien von keinem der Äußerungsberechtigten in Frage gestellt werden - weder von den Vertretern des Bundestages noch von denen der SPD-geführten Länder. Sie betonen im Gegenteil, das neue Gesetz bringe gerade auch mit seinen strafrechtlichen Bestimmungen das Unrecht der Abtreibung deutlich zum Ausdruck und diene insgesamt dem verfassungsrechtlich gebotenen Ziel des Lebensschutzes.

Zwar könnte der Senat von sich aus jene tragenden Gesichtspunkte in Frage stellen und zum Zweck der Abweichung von ihnen das Plenum anrufen. Doch dazu besteht eben wegen des prinzipiellen Konsenses zwischen den Äußerungsberechtigten kein Anlaß. Zwar repräsentieren die Vertreter der Äußerungsberechtigten nicht die gesamte Mehrheit im Bundestag und vielleicht auch nicht im Bundesrat, sondern nur die "Mehrheit in der Mehrheit". Dem Gesetz haben auch mehrere Bundestagsabgeordnete zugestimmt, die die verfassungsrechtliche Bedeutung sämtlicher tragender Gründe oder jedenfalls die der unter 2. - 7. angeführten nicht anerkennen. Zumindest die Abgeordneten von PDS und Bündnis 90/Grüne gingen, wie die Gesetzesanträge ihrer Fraktionen zeigen, mehrheitlich davon aus, entweder, daß der nasciturus kein verfassungsrechtlich schützenswertes Lebensrecht habe oder zumindest, daß es hinter dem Selbstbestimmungsrecht der Frau restlos zurücktrete. Deren Auffassung braucht aber in diesem Zusammenhang nicht in Betracht gezogen werden. Die betreffenden Bundestagsabgeordneten haben jedenfalls mehrheitlich dem vorliegenden Gesetz im Ergebnis zugestimmt und lassen sich auch im Normenkontrollverfahren durch den Bundestag und seine Bevollmächtigten repräsentieren - auf Mentalvorbehalte kommt es nicht an. Ebenso bedarf es keiner Spekulation über eventuelle Meinungen in Landesregierungen, die von ihrem Äußerungsrecht aus § 77 BVerfGG keinen Gebrauch machen. Entscheidend kann nur der Konsens der Äußerungsberechtigten und sich Äußernden sein. Dieser Konsens umgreift zumindest die Prinzipien 1. - 4. Es würde der Bedeutung der Kontinuität der Rechtsprechung nicht gerecht, wenn sich der Senat ohne Anlaß einer verfassungsrechtlichen Meinungsverschiedenheit in den Verfassungsorganen zur Abweichung von der bisherigen Rechtsprechung entschlösse.

Eine solche Meinungsverschiedenheit aber besteht im Blick auf die unter 5. - 7. genannten Prinzipien. Eine Abweichung von diesen wäre ein "overruling".

II. § 6 Beweislast

Es gibt zwar im verfassungsrechtlichen Verfahren nicht eine formelle Beweislast oder Beweisführungslast wie im Zivilrecht; denn der Beweis wird von Amts wegen erhoben (§ 26 BVerfGG). Es gibt aber das Problem der materiellen Beweislast: Zu wessen Lasten geht es, wenn Tatsachen ungeklärt bleiben? Sind vor allem gesetzgeberische Prognosen ungewiß und weiß man folglich nicht sicher, ob das Gesetz Grundrechte verletzen wird oder nicht, ist dann das Gesetz verfassungswidrig oder verfassungsmäßig?

Diese Frage ist ohne prozeßrechtliche Bedeutung; sie ist rein materiellrechtlicher Natur. Das Bundesverfassungsgericht hat des öfteren Anlaß gehabt, sie zu klären. Es hat in ständiger Rechtsprechung ein differenziertes System abgestufter materieller Beweislast entwickelt, an das im Sinne der Kontinuität der Rechtsprechung anzuknüpfen ist.[1]

Es kommt auf das Gewicht des grundrechtlich geschützten Rechtsguts und auf den Grad der Wahrscheinlichkeit seiner Gefährdung an. Je gewichtiger das Rechtsgut, desto gewisser muß seine Unverletztheit gewährleistet sein.

Das Gewicht des Rechtsguts bestimmt sich in erster Linie nach der Nähe zum Kernbereich der Person: Je personnäher, desto stärker der Schutz durch Zuweisung der Beweislast an den Gesetzgeber. Je weiter sich der Bürger in die sozialen Zusammenhänge mit anderen hineinstellt - insbesondere in seiner beruflichen, wirtschaftlichen Tätigkeit -, desto mehr muß er hinnehmen, daß Gesetze seine Freiheit im Interesse anderer und der Gemeinschaft einschränken und daß die Beweislast folglich ihm aufgebürdet bleibt.

Deshalb wäre es verfehlt, anzunehmen, jedem Grundrecht entspreche "die ihm angemessene" Beweislastregel. Vielmehr sind diese Regeln innerhalb des einzelnen Grundrechts je nach der Personnähe abgestuft. Steht der Grundrechtsträger in wirtschaftlichen und sozialen Zusammenhängen, wie bei den Mitbestimmungsregeln, so kann

---

[1] Siehe hierzu: Grundrechte und demokratischer Gestaltungsspielraum a.a.O. Rn 44 ff und die dort zitierte Literatur.

"nicht gefordert werden, daß die Auswirkungen des Gesetzes mit hinreichender Wahrscheinlichkeit oder gar Sicherheit übersehbar sein müßten, zumal Rechtsgüter wie das des Lebens oder der Freiheit der Person nicht auf dem Spiel stehen" (BVerfGE 50,290,333).

Deshalb genießt das Eigentum

"als Element der Sicherung der persönlichen Freiheit des einzelnen ... besonders ausgeprägten Schutz ..., dagegen ist die Befugnis des Gesetzgebers zu Inhalts- und Schrankenbestimmung umso weiter, je mehr das Eigentumsobjekt in einem sozialen Bezug und einer sozialen Funktion steht" (a.a.O. S. 340).

An demselben Grundgedanken orientierte sich die Auslegung des Art.12 I und führte hier zu dem bekannten Dreistufenschema. Entsprechendes gilt für die Auslegung etwa des Art.9 oder die des Art.2 I: der Schutz der allgemeinen Handlungsfreiheit durch die Beweislastregeln ist für Unternehmen schwächer als für individuelle Personen, und er wird je stärker, desto mehr sich der Eingriff der Privat- und Intimsphäre des Menschen nähert.

Es lassen sich fünf Abstufungen der Beweislastverteilung unterscheiden:

1. Am weitesten ist der Spielraum des Gesetzgebers, wo seine Prognosen nur in Frage gestellt werden können, wenn sie "eindeutig widerlegbar oder offensichtlich fehlsam" sind (z.B. bei der Frage, ob eine Enteignung dem Wohl der Allgemeinheit dient).

2. Etwas enger ist das Kontrollnetz gezogen, wenn verlangt wird, daß die Freiheitsbeschränkungen durch "vernünftige und sachgerechte Erwägungen des Gemeinwohls gerechtfertigt" sind (z.B. bei Berufsausübungsregelungen).

3. Noch strenger sind Anforderungen aus dem Verhältnismäßigkeitsprinzip (z.B. bei subjektiven Berufszulassungsvoraussetzungen).

4. Ist der Kernbereich der Persönlichkeit berührt, so sind Eingriffe nur zulässig bei nachweisbaren oder höchstwahrscheinlichen Gefahren für ein wichtiges Gemeinschaftsgut (z.B. bei objektiven Berufszulassungsvoraussetzungen oder bei Eingriffen in die Privatsphäre).

5. Am strengsten ist die dem Gesetzgeber aufgebürdete Beweislast, wenn es um den Schutz des Lebens geht. Wenn ein Gesetz nach den Regeln der Lebenserfahrung Gefährdungen des Lebens befürchten läßt, so obliegt dem Ge-

setzgeber die volle Beweislast dafür, daß die Befürchtung unbegründet ist. Eine Gefährdung des Lebens durch Gesetze, dessen Auswirkungen ungewiß sind, kann nicht "riskiert" werden. Vielmehr hat der Gesetzgeber überzeugend darzutun, daß seine Regelungen das Lebensrecht nicht beeinträchtigen werden.

Denn das menschliche Leben ist das fundamentalste aller Rechtsgüter, es ist

"die vitale Basis der Menschenwürde und die Voraussetzung aller anderen Grundrechte"[2] "Experimente sind aber bei dem hohen Wert des zu schützenden Rechtsguts nicht zulässig."[3]

Diese Beweislastregel gilt unter der Voraussetzung, daß nach Erfahrungssätzen eine Gefährdung des Lebens nicht von der Hand zu weisen ist. Geht es hingegen um die Frage, ob diese Gefährdung tatsächlich naheliegt, so anerkennt das Bundesverfassungsgericht einen weiten Gestaltungsspielraum des Gesetzgebers, der sich nur unter besonderen Umständen in der Weise verengt,

"daß allein durch eine bestimmte Maßnahme der Schutzpflicht genüge getan werden kann" (BVerfGE 77,215).

Die Vertreter des Bundestages erklären sich den unterschiedlichen Kontrollmaßstab daraus, daß im Normenkontrollverfahren strengere Beweisanforderungen gälten als im Verfassungsbeschwerdeverfahren (*Denninger/Hassemer*, Schriftsatz vom 14.9.1992, S. 88). Das ist aber wohl nur mittelbar und nur insofern berechtigt, als im abstrakten Normenkontrollverfahren nur Antragsteller mit einer hohen demokratischen Legitimation in Betracht kommen, die eine Gefährdung des Rechtsguts nicht leichtfertig und vage unterstellen und deshalb beweisbedürftig machen. Ist aber nach den Grundsätzen der Lebenserfahrung eine Gefährdung des Lebens ernstlich in Betracht zu ziehen, ergibt sich aus den allgemeinen Beweislastregeln, daß diese Befürchtung ausgeräumt werden muß.

Deshalb liegt auch bei der Frage, ob die Fristenregelung dem Lebensschutz dient, die Beweislast ganz beim Gesetzgeber. Das Bundesverfassungsgericht hat die Fristenregelung 1975 folglich auch mit Beweislastargumenten verworfen. Es hat auf Sätze der Lebenserfahrung abgestellt, wie: Bei der Fristenregelung

---

[2] BVerfGE 39,42.
[3] A.a.O., S. 60.

"ist mit einem Anstieg der Schwangerschaftsabbrüche zu rechnen, weil ... schon das bloße Bestehen der Strafnorm des § 218 StGB Einfluß auf die Wertvorstellungen und Verhaltensweisen der Bevölkerung gehabt hat".[4] "Das Wissen um die Rechtsfolgen im Falle ihrer Übertretung bildet eine Schwelle, vor deren Überschreitung viele zurückschrecken. Die Wirkung wird ins Gegenteil verkehrt, wenn durch eine generelle Aufhebung der Strafbarkeit auch zweifellos strafwürdiges Verhalten für rechtlich einwandfrei erklärt wird. Dies muß die in der Bevölkerung herrschenden Auffassungen von 'Recht' und 'Unrecht' verwirren".[5] "Der 'gefährliche Schluß von der rechtlichen Sanktionslosigkeit auf das moralische Erlaubtsein' ... liegt zu nahe, als daß er nicht von einer großen Anzahl Rechtsunterworfener gezogen würde."[6]

Feststellungen dieser Art stützen sich nicht etwa auf den "Beweis des ersten Anscheins", den prima-facie-Beweis. Bei einem solchen würde es genügen, daß der Gesetzgeber die ernstliche Möglichkeit eines vom gewöhnlichen Verlauf abweichenden Gang des Geschehens überzeugend dartut. Es handelt sich vielmehr um Erfahrungssätze, um Schlüsse aus der allgemeinen Lebenserfahrung. Sie werden nicht durch die bloße Möglichkeit eines abweichenden Geschehensablaufs entkräftet. Es bedarf dafür vielmehr des vollen Beweises, daß der Geschehensablauf tatsächlich von dem gewöhnlicherweise zu Erwartenden abweicht. Erfahrungssätze müssen m.a.W. eindeutig widerlegt werden.

Davon ging auch das Bundesverfassungsgericht in BVerfGE 39,1 aus:

"Daß von der Fristenregelung auch nur eine quantitative Verstärkung des Lebensschutzes ausgehen könnte, ist jedenfalls nicht ersichtlich". Ausländisches Zahlenmaterial lasse "keinen sicheren Schluß auf einen wesentlichen Rückgang der Schwangerschaftsabbrüche zu".[7]

Diese Beweislastverteilung fällt nicht aus dem Rahmen. Sie folgt vielmehr konsequent aus dem immer gleichen Grundansatz: je stärker Existenz und Freiheit der Person betroffen sind, desto höher die Beweislast des Gesetzgebers dafür, daß seine Regelungen das Recht nicht gefährden. Je stärker hingegen die Bürger in ihren sozialen Bezügen betroffen sind, desto weiter der Prognosespielraum des Gesetzgebers.

Folglich gilt für das Recht auf Leben: ist nach Erfahrungssätzen, nach allgemeinen Lebensregeln, nach naheliegenden Annahmen eine Gefährdung zu

---

[4] A.a.O., S. 60.
[5] A.a.O., S. 57.
[6] A.a.O., S. 58.
[7] A.a.O., S. 60.

vermuten, so obliegt es dem Gesetzgeber, diese Befürchtung überzeugend zu zerstreuen. Er hat diejenige Regelung zu wählen, die mit dem höchstmöglichen Grad an Wahrscheinlichkeit dem Lebensschutz wirksam zu dienen geeignet ist. Nur innerhalb dieses vorgegebenen Rahmens genießt der Gesetzgeber Spielraum bei Prognose und Mittelwahl. Das Bundesverfassungsgericht hat über die Grenzen dieses Rahmens zu wachen und

"zu überprüfen, ob der Gesetzgeber im Rahmen der ihm zur Verfügung stehenden Möglichkeiten das Erforderliche getan hat, um Gefahren von dem zu schützenden Rechtsgut abzuwenden".[8]

---

[8] A.a.O., S. 51.

III. "Richterliche Zurückhaltung"

§ 7 Amerikanische Erfahrungen

Die Regulierung der rechtlichen Begründungspflicht durch Präjudizien und der tatsächlichen Begründungspflicht durch die Beweislastregeln wird gelegentlich durch die Forderung nach "richterlicher Zurückhaltung" in Frage gestellt. Das Bundesverfassungsgericht solle Gesetze entweder gar nicht oder nur in äußersten Grenzfällen kontrollieren - allgemein oder zumindest in diesem besonderen Fall. So heißt es - ein Beispiel unter mehreren - das Bundesverfassungsgericht mache sich zum "Obergesetzgeber". Es

"schwingt sich vom Hüter zum Herrn des Grundgesetzes auf. Vor allem der Prozeß um den § 218 zeigt: das letzte Wort in politischen Entscheidungen spricht nicht mehr Bonn, sondern Karlsruhe".[1]

Auch die Vertreter des Bundestages glauben vor dem Eindruck warnen zu müssen,

"Gesetze würden letztendlich nicht in Bonn, sondern in Karlsruhe gemacht". Das wäre schädlich "für die Ausbildung eines unverkrampften demokratischen Bürgerbewußtseins" (*Denninger/Hassemer* Sept.1992, S. 87).

Und sie polemisieren:

"Der Deutsche Bundestag ist kein Befehlsempfänger und keine nachgeordnete Behörde" (S. 88).

Dahinter steht der Gedanke: "eigentlich" sei die verfassungsgerichtliche Normenkontrolle undemokratisch und gehöre nicht in das Grundgesetz eines demokratischen Verfassungsstaates. Da sie aber nun einmal vorgesehen sei, solle das Bundesverfassungsgericht seine Ermächtigungen so eng wie möglich auslegen und dem Gesetzgeber einen weitestmöglichen Spielraum überlassen:

---

[1] *Christian Bommarius*, Allgemeins Deutsches Sonntagsblatt v.7.8.92, S.11.

III. "Richterliche Zurückhaltung"

gewissermaßen zur Korrektur einer verfehlten verfassungspolitischen Grundentscheidung.

Praktisch würde das bedeuten: erstens den Rückbezug auf die tragenden Gründe der einschlägigen Präjudizien fallenzulassen, zweitens die üblichen Beweislastregeln außer acht zu lassen, drittens die einschlägigen grundgesetzlichen Bestimmungen neu und zwar so eng auszulegen, daß sie den Lebensschutz des Ungeborenen nicht mehr umfassen oder ihn zumindest hinter das Selbstbestimmungsrecht der Frau ganz zurücktreten lassen. Auf diese Weise soll dem Gesetzgeber ein unbeschränkter politischer Entscheidungsspielraum eröffnet werden.

Forderungen dieser Art gewinnen ihre Dignität nicht nur aus grundsätzlichen verfassungstheoretischen Erwägungen ("Wer soll Hüter der Verfassung sein?"), sondern vor allem auch aus der amerikanischen Tradition des "judicial self-restraint", auf die sich die Vertreter des Bundestages ausdrücklich beziehen:

"Andernfalls erliegt man der Gefahr eines 'illegitimen Verfassungsdirigismus gegenüber dem Gesetzgeber'" (*Denninger/Hassemer* S. 22).

Diese amerikanische Doktrin ist deshalb ernst zu nehmen, weil das Institut des "judicial review", also der richterlichen Kontrolle des Gesetzgebers, seine historische Wurzel vor allem in der amerikanischen Verfassungstradition hat.

Gerade wenn man diesen Hintergrund ernst nimmt, ist allerdings zu bedenken, daß der amerikanische Supreme Court, der sich Gedanken dieser Art seit den dreißiger Jahren eine Zeitlang geöffnet hat, aus guten Gründen davon wieder abgekommen ist. Die Entwicklung in den USA vollzog sich in folgenden Schritten: 1. Seit Ende des vorigen Jahrhundert erklärte der Supreme Court zunehmend eine Reihe von sozialstaatlich orientierten Gesetzen (progressive Einkommensteuer, Anti-Trust-Gesetz, Beschränkung der Arbeitszeit, Verbot der Kinderarbeit) für verfassungswidrig und machte schließlich in den dreißiger Jahren unseres Jahrhunderts wesentliche Teile der Gesetzgebung des "New Deal" zunichte. 2. Dieser Tendenz setzte seit 1937 eine am Gedanken des judicial self-restraint orientierte Rechtsprechung ein Ende. 3. Daraufhin wurde "Konsequenz" gefordert: die richterliche Zurückhaltung solle sich nun auch auf Gesetze erstrecken, die z.B. unfaire Prozeßmethoden, Rassendiskriminierung, ungleiche Wahlkreiseinteilung zur Folge hatten. 4. Schließlich fand man, daß die gegen die sozialstaatliche Entwicklung gerichtete Rechtsprechung auf unrichtiger Verfassungsauslegung beruht habe. Sie sei nicht durch richterliche Zurückhaltung, sondern durch richtigere Auslegung zu korrigieren. Die civil rights wurden wieder als Maßstab anerkannt, an dem auch die gesetzgebende Gewalt zu überprüfen sei.[2]

Hält man sich diesen Hintergrund vor Augen, so wird deutlich, daß es für eine Übertragung des Gedankens des judicial self-restraint auf deutsche Verhältnisse keinen Anlaß gibt. Die Rechtsprechung des Bundesverfassungsgerichts hat von vornherein vergleichbare Fehler vermieden, wie sie dem Supreme Court angelastet wurden, und zu deren Überwindung man sich auf "judicial self-restraint" angewiesen sah. Sie hat von Anfang an durch ihre Beweislastregeln dem Gesetzgeber einen weiten Spielraum bei der Gestaltung des wirtschaftlichen und sozialen Lebens gelassen, insbesondere wirtschaftspolitische Neutralität gewahrt, zugleich aber der Bedeutung der Grundrechte für den Kernbereich der Person Rechnung getragen.

Wollte sie nun im Blick auf das Lebensrecht des Ungeborenen von diesen Regeln abweichen, so hätte das weitreichende präjudizielle Konsequenz auch für die Auslegung anderer Grundrechte. Persönlichen Freiheiten, prozessuale Fairneß, Gleichberechtigung usw. wären ernstlich in Frage gestellt.

§ 8 Der Supreme Court zur Abtreibungsfrage

Diejenigen, die empfehlen, sich an der Rechtsprechung des Supreme Court zu orientieren, verbinden damit die Hoffnung, die Abtreibung werde dann auch hier zur Privatsache der Frau erklärt, die den Staat nichts angehe. Dem liegt ein Mißverständnis zugrunde. Der Supreme Court hat im Juli 1992 zwar in diesem Sinne entschieden, aber nur, weil er sich an dem Präjudiz vom Januar 1973 *Roe v. Wade* orientierte, ohne sich dessen Gründe überzeugt zu eigen zu machen:

"Eine ganze Generation ist in dem Bewußtsein groß geworden, daß Roe die Entscheidungsfreiheit der Frau über ihren Nachwuchs definiert. Die Aufhebung von Roe würde ein Fehlurteil, wenn es denn ein solches war, um den hohen Preis der Verläßlichkeit des Gerichts und der Rechtssicherheit korrigieren."

Nimmt sich das Bundesverfassungsgericht diese Entscheidung zum Vorbild, so muß es sich folglich an dem hier einschlägigen Präjudiz orientieren, also

---

[2] Eingehendere Erörterungen dieser Entwicklung und ihrer Konsequenzen für uns in: *M.Kriele*, Recht, Vernunft, Wirklichkeit, 1990, S. 539 ff, 546 ff, 586 ff, sowie: Grundrechte und demokratischer Gestaltungsspielraum aaO., insbesondere Rn 7-18.

am Urteil vom 25. Februar 1975 (BVerfGE 39,1) und deshalb zum Ergebnis kommen, daß die Fristenlösung verfassungswidrig ist.

Die amerikanische Rechtsprechung kann auch deshalb inhaltlich keine Orientierung für uns geben, weil sich die Verfassung der USA vom Grundgesetz in drei wesentlichen Punkten unterscheidet.

Erstens enthält sie den Begriff der Menschenwürde nicht. Dieser war zwar den amerikanischen Verfassungsvätern bekannt; die Interessen an Sklaverei und Indianervertreibung waren jedoch zu stark, um seine Verankerung in der Verfassung zuzulassen.

Zweitens kennt die Verfassung der USA nicht eine ausdrückliche Schutzpflicht gegen Eingriffe Dritter, wie sie Art. 1 I Satz 2 GG vorsieht.

Drittens enthält das für *Roe v. Wade* einschlägige 14. Amendment, das erst in den Jahren 1866 - 68 eingefügt wurde, zwar das Recht auf Leben, beschränkt es jedoch auf die Geborenen. Es heißt dort zunächst:

"All persons *born* or naturalized in the United States... are citizens of the United States and of the state wherein they reside."

Die gleichen Rechte aller werden aber nur den "citizens" zugebilligt. Deshalb folgert der Supreme Court in der Entscheidung vom 22. Januar 1973,

"that the word 'person', as used in the fourteenth amendment, does not include the unborn".[3]

Deshalb gab er dem "right of personal privacy", das verfassungsrechtlich eindeutiger ist, den Vorrang.[4] Er erklärt es jedoch für verfassungsmäßig, wenn die Staaten die gegenteilige Abwägung ("value judgement") treffen und öffentlichen Einrichtungen und deren Angestellten untersagen, nicht-therapeutische Abtreibungen ("nontherapeutic abortions") vorzunehmen.[5]

---

[3] *Roe v. Wade*, 93 S. Ct. 705 (1973) p. 729.
[4] Eine Analyse dieser Entscheidung bei *Hans Reis*, Das Lebensrecht des ungeborenen Kindes, 1984, S. 12 ff. Ein unveröffentlichtes Vortragsmanuskript von *Donald P. Kommers* aus dem Jahre 1976, das die Entscheidung analysiert, ist in der Bibliothek des Bundesverfassungsgerichts unter KL/EA 1314 vorhanden.
[5] *Webster* v. Reproductive Health Services 109 S.Ct. 3040 (1988).

Vor allem zieht der Supreme Court die Konsequenz, daß nicht-therapeutische Abtreibungen nicht vom öffentlichen Gesundheitssystem finanziert werden, eben weil es sich um eine Sache der "personal privacy" handelt, die die öffentliche Sorge für die Gesundheit nichts angeht.[6]

§ 9 Zur demokratischen Legitimität der Normenkontrolle

Das mit dem "demokratischen Gedanken" begründete Mißtrauen gegenüber der richterlichen Normenkontrolle beruht auf einem Mißverständnis. Die Normenkontrolle ist nicht undemokratisch; ihre Quelle ist die Verfassung, die in der Legitimität des Volkes verankert ist. Die Verfassung bringt gewissermaßen das bessere Wissen des Volkes zum Ausdruck, das, was "eigentlich" seinen sittlichen und rechtlichen Vorstellung entspricht, das, was es "im Grunde" meint und will, mag dies auch momentan durch stürmische Gegenbewegungen getrübt sein.

Man hat deshalb oft die verfassungsrechtliche Normenkontrolle mit dem "ruhigen Zentrum des Wirbelsturms" verglichen. Ihre Verfahrensbedingungen gewähren die Chance, daß alle Argumente für und wider gleichberechtigt zu Wort kommen, daß sie unbeeinflußt von Mehrheitsverhältnissen, vom Sog der Medien und von politischem Druck erwogen, in Zeit und Ruhe geprüft und beraten werden, und zwar von Richtern, von denen schon im Blick auf Lebensalter, Fachkompetenz, politische Erfahrung, sachliche und persönliche Unabhängigkeit erwartet wird, daß sie unsachlichen Einflüssen weniger zugänglich sind als es der Gesetzgeber zwangsläufig ist. Das Bundesverfassungsgericht trifft keine politische Entscheidung gegen das Volk, sondern legt in Anwendung der Regeln juristischer Technik die Verfassung aus, und zwar in Ausübung eines Amtes, das die demokratische Verfassung und der demokratische Gesetzgeber ihm übertragen haben. Diese selbst haben es auf demokratischem Wege begründet und legitimiert.

Die verfassungspolitische Grundentscheidung zur Normenkontrolle beruht auf Einsicht in die Bedingungen des rechtlichen Fortschritts. Indem Rechtserkenntnisse z.B. zur Menschenwürde, Freiheit und Gleichheit in die Rechtsinstitutionen eingegangen sind, werden sie über den Wechsel der Generationen hinweg weitergetragen. Fortschritt setzt voraus, daß das schon Erreichte zunächst einmal gegen den momentanen Ansturm von Interessen und "emanzipatorischen Bewegungen" verteidigt wird. Nur so läßt es sich fest-

---

[6] Ebenda.

III. "Richterliche Zurückhaltung"   29

halten und vor Rückfällen bewahren, und nur auf dieser Grundlage läßt sich weiterbauen und ein stetig höheres Niveau der Rechtskultur erzielen. Bewahrung des Erreichten ist Bedingung des Fortschritts. Von diesem Grundgedanken her wird die richterliche Normenkontrolle verständlich: Sie bewahrt das schon Erreichte und in der Verfassung Verankerte gegenüber zwar demokratischen, aber spontanen und undurchdachten Infragestellungen.

Auch die Probleme der deutschen Vereinigung geben keinen Anlaß, von dieser dem Grundgesetz zugrundeliegenden Konzeption ausnahmsweise abzuweichen. Wenn sich in der ehemaligen DDR andere normative Einstellung eingelebt haben, so ist das kein Grund, von den Grundrechten aus Gründen des politischen Entgegenkommens abzuweichen. Es gilt im Gegenteil, die neuen Bundesbürger zwar behutsam und verständnisvoll, aber ohne Konzession in der Sache in den Rahmen der Rechtskultur einzufügen, der auch ihnen jetzt mit dem Grundgesetz vorgegeben ist.

Vor allem bleibt folgendes zu bedenken: Sollte das Bundesverfassungsgericht die Normenkontrollanträge abweisen, so bedeutete das, dem Gesetz den Stempel "verfassungsmäßig" aufzuprägen. Angenommen, das Gesetz sei geeignet, in der Bevölkerung die Vorstellungen von Recht und Unrecht zu verwirren, so ginge dieser Verwirrungseffekt in noch viel höherem Maße von der Entscheidung des Bundesverfassungsgerichts aus. Diese Wirkung würde kaum gemildert, wenn das Gericht in den Gründen ausführte, es habe diese Entscheidung nur getroffen, um dem Gesetzgeber einen weiten Wertungs- und Prognosespielraum zu belassen und um richterliche Zurückhaltung zu üben. Im Bewußtsein der Bevölkerung trüge die Neuregelung fortan ein verfassungsrechtliches - und damit rechtsethisches - Gütesiegel von höchster Autorität.

2. Hauptteil

Der Schutz des Lebens (Art. 2 II Satz 1 GG)

I. Analyse der Neuregelungen

§ 10 "Fristenlösung"

Im Vordergrund der Erörterung steht zunächst § 218 a I StGB n.F. (neugefaßt durch Art.13 Ziff.1 des Schwangeren- und Familienhilfegesetzes) mit den beiden Neuregelungen: 1. Übergang von der "Indikationen-" zur "Fristenlösung", 2. die vom Arzt innerhalb der Frist vorgenommene Abtreibung sei "nicht rechtswidrig", wenn die Schwangere einen Beratungsnachweis vorlegt. Ferner ist Stellung zu nehmen zu Art.2 des Gesetzes (Änderung des Sozialgesetzbuchs) und zu Art.15 Nr.2 (Einrichtungen zur Vornahme von Schwangerschaftsabbrüchen). Zur Verfassungsmäßigkeit von nicht (oder nicht in diesem Verfahren) angegriffenen gesetzlichen Bestimmungen alter und neuer Fassung wird im folgenden nicht unmittelbar Stellung genommen.

Nach den Regeln des Beweises aus Erfahrungssätzen liegt es auf der Hand, daß die Neuregelungen im erheblichen Umfang rechtfertigungsbedürftig sind. Sie reißen jedenfalls auf den ersten Blick eine "Schutzlücke" auf, wo der Gesetzgeber verpflichtet wäre, sich fördernd und schützend vor das Leben zu stellen.

Zwar kann man davon ausgehen, daß Strafdrohungen im Bereich der Abtreibung nach kriminologischen Erfahrungen wenig abschreckend wirken: sie werden von den Betroffenen kaum gefürchtet und leicht umgangen, von Polizei, Staatsanwaltschaft und Gerichten nur unwillig verfolgt, und diese werden auch von der Bevölkerung wenig unterstützt. Die "Dunkelziffer" ist daher vergleichsweise sehr hoch. Die lebensschützende Wirkung des Strafrechts beruht jedoch in diesem Bereich weniger auf der Abschreckungswirkung als vielmehr auf der Prägung des Rechtsbewußtseins. Angenommen, der Embryo würde von der Strafrechtsordnung zur Tötung "freigegeben", so müßte in der Öffentlichkeit der Eindruck entstehen, sein

Leben sei kein schützenswertes Rechtsgut und Abtreibung kein Unrecht. Das müßte erhebliche Auswirkungen auf die Zahl der Abtreibungen haben - abgesehen von den mittelbaren Folgen und Fernwirkungen für die Mutter, für den Arzt, für die allgemeine Sittlichkeit, für künftige rechtspolitische Tendenzen, z.B. in Richtung auf Euthanasie.

Deshalb hat der Gesetzgeber eine solche "Freigabe" vermieden und die Strafbarkeit der Abtreibung weiter verankert (§ 218 StGB). Insofern besteht zwischen Befürwortern und Kritikern des Gesetzes also Einigkeit im Prinzipiellen.

Unter dieser Prämisse ist aber der neue § 218 a sehr weitgehend. Wenn die ärztliche Abtreibung während der 12-Wochenfrist als nicht rechtswidrig gilt, vorausgesetzt nur, die Mutter hat sich zuvor beraten lassen, so kommt das einer "Freigabe" der Abtreibung mit all ihren Folgen zumindest nahe. Sie hebt die im § 218 zunächst statuierte rechtliche Mißbilligung des Gesetzgebers für die Dauer der Frist fast vollständig wieder auf.

Da der Lebensschutz des Ungeborenen dieser rechtlichen Mißbilligung aber bedarf und die verfassungsrechtlichen Überlegungen von diesem Grundsatz auszugehen haben, kommt es darauf an, ob die strittigen Neuregelungen einen besseren Lebensschutz gewährleisten als die bisherigen Regelungen oder diesen in ihrer lebensschützenden Wirkung zumindest nicht nachstehen.

Für die Fristenlösung ist im Unterschied zur Indikationenregelung kennzeichnend, daß sie Abtreibung mit und ohne rechtfertigenden oder mit und ohne schuldausschließenden Grund prinzipiell gleichstellt. Wer z.B. abtreibt, weil das Haus noch nicht abbezahlt ist oder ein Mädchen zu erwarten ist und die Eltern einen Jungen vorziehen oder umgekehrt - was neuerdings immer häufiger verlangt wird -, wird ebenso behandelt, wie wer die Abtreibung zur Rettung des Lebens der Mutter oder wegen einer katastrophalen Notlage vornimmt. "Fristenlösung" bedeutet, daß es auf den Grund überhaupt nicht ankommt, sondern nur auf das Entwicklungsstadium. Es gilt ein "Äquivalenzprinzip" der Abtreibungsgründe: Alle Gründe gelten vor der Rechtsordnung als gleichwertig. Der Unterschied zwischen "therapeutischen" und "nicht-therapeutischen" Abtreibungen entfällt. Dann aber muß sich der Bevölkerung der Eindruck aufprägen, die Abtreibung sei etwas Harmloses, daß der rechtfertigenden oder entschuldigenden Begründung nicht bedürfe.

Dieser Effekt verstärkt sich noch dadurch, daß auch der nicht-therapeutische Eingriff vom Arzt vorgenommen und, anders als in den USA, von den Krankenkassen finanziert werden soll. Der Eindruck entsteht, die

Abtreibung sei an sich ein Heileingriff, die Schwangerschaft folglich eine Gesundheitsschädigung, für deren Beseitigung die Solidargemeinschaft der Versicherten ohne weiteres eintritt, unabhängig von jeder besonderen therapeutischen Rechtfertigung.

Die Regelung von 1976 hat noch zwischen therapeutischen und nicht-therapeutischen Abtreibungen unterschieden und nur die ersten für straffrei erklärt, auch wenn sie den Begriff des Therapeutischen sehr weit gefaßt hat. § 218 a regelte erstens in Abs. I zunächst die medizinische Indikation und fügte dann in Abs. II hinzu: diese Voraussetzungen "gelten auch" bei den anderen Indikationen als erfüllt - im Sinne einer unwiderleglichen Vermutung. Zweitens unterstrich er den therapeutischen Charakter der Indikationen durch die Vorschrift, daß ihre Voraussetzungen "nach ärztlicher Erkenntnis" vorliegen müssen. Drittens regelte das Gesetz in § 218 a Ziff.3, daß die soziale Indikation eine "schwerwiegende Notlage" voraussetzt.

Die neue Fristenregelung gilt, obwohl der Gesetzgeber die Bedeutung des Lebensschutzes und des "hohen Wertes" des vorgeburtlichen Lebens anerkennt und dies auch im Gesetz zum Ausdruck bringt: diese Gesichtspunkte sollen gemäß § 219 I in der Beratung zur Sprache gebracht werden. Diese Anerkennung macht die destruktiven Auswirkungen der Fristenlösung auf das Rechtsbewußtsein nicht besser, sondern schlimmer: Trotz der Anerkennung des hohen Wertes des vorgeburtlichen Lebens liegt auch die durch keine Indikation begründete Abtreibung ausschließlich in der "Eigenverantwortung der Frau"; sie soll "eine verantwortungsbewußte eigene Gewissensentscheidung" treffen (§ 219 I). Damit ist gesagt, die Selbstbestimmung der Frau sei ein so hohes Rechtsgut, daß das Lebensrecht des Embryo im Mutterschoß ohne weiteres hinter ihm zurücktrete. Obwohl sein Eigenrecht nicht geleugnet wird, wird der Embryo betrachtet wie ein Teil des Körpers der Frau, über den sie ebenso selbst bestimmen könne wie über ein Geschwür, dessen ärztliche Beseitigung die Solidargemeinschaft der Versicherten auch ohne weiteres finanziert.

Manche meinen, der Lebensschutz des Embryo werde verbessert, wenn er der "verantwortungsbewußten Gewissensentscheidung" der Mutter überlassen bleibe. Woran aber kann sich das Gewissen noch orientieren, wenn der Gesetzgeber selbst den Unterschied zwischen therapeutischen und nicht-therapeutischen Abtreibungen für unerheblich erklärt hat und das Bundesverfassungsgericht das legitimiert? (Zu der Ideologie "Lebensschutz durch Selbstbestimmung" unten §§ 19 ff).

I. Analyse der Neuregelungen

Auffallenderweise argumentieren die Befürworter der Fristenlösung sowohl im Gesetzgebungsverfahren wie im Normenkontrollverfahren durchweg mit Beispielfällen, in denen eine schwerwiegende Notlage - also eine Indikation - vorliegt, und suchen Gegenbeispiele aus der öffentlichen Diskussion herauszuhalten. Sie argumentieren also für die Fristenlösung mit Argumenten, die an sich für die Indikationenregelung sprechen. Damit machen sie deutlich, daß sich auch nach ihrer eigenen Vorstellung die Fristenlösung aus sich heraus nicht rechtfertigen läßt.

Diese eigentümliche Sprechweise hat sogar in die Gesetzessprache Eingang gefunden. Das Gesetz spricht im Zusammenhang mit der Beratung von "Not- und Konfliktlage" (§ 219, § 218 a I Ziff.1), so als setze es die soziale Indikation voraus und als seien deren Voraussetzungen schlechterdings in jedem Fall gegeben. Auf die Not- und Konfliktlage soll es aber doch gerade nicht ankommen - das macht ja den entscheidenden Unterschied zwischen Fristen- und Indikationenregelung aus.

Die Vertreter des Bundestages erklären das so: Die zur Abtreibung neigende Frau befinde sich immer in einer Notlage eben durch diese Neigung: sie

"ist in einer psychischen, gleichsam einer biologischen Notlage; sie steht vor einem schwerwiegenden Eingriff in eine körperliche Disposition und Entwicklung" (*Denninger/Hassemer* S. 58).

So gesehen, wäre jede Abtreibung ohne Unterschied durch eine Notlagenindikation gerechtfertigt und eben dies wäre mit der Fristen-Rechtfertigung zum Ausdruck gebracht. Nach bisherigem Gesetzesverständnis sollten freilich nur besondere und schwerwiegende Umstände die Notlagenindikation begründen, nicht das Vorhaben der Abtreibung an sich.

§ 11 "Nicht rechtswidrig"

Die für den Lebensschutz abträglichen Wirkungen müssen sich nach Erfahrungssätzen des Lebens noch verstärken, wenn die von einem Arzt vorgenommene Abtreibung innerhalb der Frist als "nicht rechtswidrig" gilt, vorausgesetzt nur, die Schwangere lege einen Beratungsnachweis vor. Die Befürworter dieser Regelung machen geltend, die Straffreiheit von der vorgängigen Inanspruchnahme der Beratung abhängig zu machen, könne der zur Abtreibung geneigten Frau einen Anreiz zum Besuch der Beratungsstelle bieten. Dort könnten ihr alsdann die Gesichtpunkte vermittelt werden, die sie möglicherweise noch umstimmen könnten.

Die Verteidiger des Gesetzes befürchten "Kurzschlußhandlungen" der Schwangeren: aus Angst vor Strafe könne sie sich der Beratung entziehen. Zu solchen "Kurzschlußhandlungen" konnte sie aber bisher nur aufgrund des Irrtums kommen, sie könne auch nach Beratung strafbar sein, zumindest wenn es an einer Indikation fehle. In Wirklichkeit ist die Schwangere straffrei, wenn der Abbruch innerhalb von 22 Wochen nach Beratung von einem Arzt vorgenommen wurde (§ 218 II Satz 2 StGB der geltenden Fassung). Solche Kurzschlußhandlungen aus Rechtsirrtum mögen vorgekommen sein, aber nur deshalb, weil zahlreiche Medien ihrer Informationspflicht nicht genügten, ja ihr geradezu entgegen handelten. In agitatorischer Absicht künstlich erzeugte Rechtsirrtümer und dadurch ausgelöste Kurzschlußhandlungen können aber kein Anlaß zu Neuregelungen sein.

Für den Anreiz zum Besuch der Beratungsstelle bedarf es weder des Übergangs von der Indikationen- zur Fristenlösung noch des Übergangs vom persönlichen Strafausschließungsgrund zur rechtfertigenden Wirkung der Beratung. Die beiden Neuerungen tragen zu dem Anreiz-Effekt offensichtlich nichts bei und sind deshalb nicht geeignet, die lebensschützende Wirkung zu erhöhen.

Die Beratung soll zwar dem Lebensschutz dienen, doch müssen von dieser Legalisierung kontraproduktive Wirkungen ausgehen. Zur Beratung gehört u.a. Information der Schwangeren über die Rechtslage. Der Berater weist also die Schwangere darauf hin, daß mit der Aushändigung der Bescheinigung über die Beratung die Abtreibung nicht mehr rechtswidrig sein wird, und zwar unabhängig vom Vorliegen oder Nichtvorliegen einer Indikation. Damit trägt die Beratung dazu bei, etwa vorhandene Skrupel und Hemmungen zu zerstreuen, die sich aus der Vorstellung ergeben, daß es sich bei der Abtreibung um einen rechtfertigungsbedürftigen Tötungsakt handelt, um etwas Schlimmes, zu dem man sich nur unter besonderen Umständen und Überwindung von Gewissensbedenken entschließen kann. Eine Abtreibung, die der Gesetzgeber als "nicht rechtswidrig" einstuft, kann nicht mehr als Unrecht begriffen werden - weder von der Schwangeren noch vom Erzeuger noch vom Arzt noch von den Beratungsstellen.

Die Vertreter des Bundestages meinen, die Formel "nicht rechtswidrig" bedeute gar keine Änderung der Rechtslage; denn auch soweit das bisherige Gesetz von Strafe freistelle, werde dies als "nicht rechtswidrig" ausgelegt (*Denninger/Hassemer* S.36 ff). Dies gilt jedoch nur für die Indikationen. Ihnen wird in der Tat rechtfertigender Charakter zugelegt, zwar nicht unumstritten, aber doch von der heute überwiegenden Ansicht. Straffreistellungen außerhalb der Indikationen bedeuten - bisher unbestritten - keine Rechtfertigung.

Was "nicht strafbar" ist, kann gleichwohl rechtswidrig sein, und diese Rechtswidrigkeit kann sich im Sozialversicherungsrecht und im Zivilrecht auswirken. Kommt wenigstens in diesen Rechtsgebieten das Unwerturteil des Gesetzgebers zur Geltung, so kann das einen, wenn auch geringen Einfluß auf Rechtsbewußtsein und Verhaltensweisen der Bevölkerung haben. Erklärt der Gesetzgeber die Abtreibung im Strafrecht aber ausdrücklich für "nicht rechtswidrig", so kann er sie in anderen Rechtsgebieten kaum als gleichwohl rechtswidrig definieren, ohne sich zu sich selbst in Widerspruch zu setzen und die Einheit der Rechtsordnung aufzulösen.

Die Formel "nicht rechtswidrig" erklärt sich aus puren Zweckmäßigkeitserwägungen. Als Zwecke werden genannt:

a) einen Anreiz zur Beratung zu schaffen. Dazu genügt allerdings die Straffreistellung der Frau;

b) die Finanzierung auch der nicht-therapeutischen Abtreibung durch die gesetzliche Krankenkasse außer Zweifel zu setzen (u. § 42).

c) Ferner kommt als Zweck in Betracht, die Teilnahme an der Abtreibung, insbesondere die Anstiftung durch den Erzeuger, zu rechtfertigen. Gemäß § 26 StGB wird als Anstifter bestraft, "wer vorsätzlich einen anderen zu dessen vorsätzlich begangener rechtswidriger Tat bestimmt hat". Ist die Tat nicht rechtswidrig, liegt keine Anstiftung vor (u. § 40).

d) Weitere in Betracht kommende Zwecke sind: Anstellungsverträge mit Ärzten, die sie zur Abtreibung auch ohne Indikation verpflichten, und die öffentliche Ausschreibung entsprechender Anstellungsbedingungen zu legitimieren, und der (allerdings mißlingende) Versuch, diese Verdienstquelle mit den ärztlichen Berufsordnungen in Einklang zu bringen (u. § 41).

Die neue "Rechtfertigung" hat darüber hinaus - bezweckt oder nicht - eine Reihe zivilrechtlicher Auswirkungen.

e) Der Vertrag über nicht indizierte Abtreibungen ist nicht mehr nach § 134 BGB nichtig, obwohl er den ärztlichen Berufsordnungen widerspricht (u. § 41).

f) Die illegale Abtreibung durch eine Ehefrau ist ein Verstoß gegen die eheliche Lebensgemeinschaft. Bei rechtmäßiger Abtreibung bedarf die Ehefrau dieser Zustimmung nicht. Bisher hatte also der Ehemann ein Mitspracherecht bei nicht-indizierten Abtreibungen. Sind Abtreibungen ohne Indikation rechtmäßig, so verliert er auch bei ihnen jedes Mitspracherecht.

g) Noch gravierender sind Auswirkungen im Erbrecht: Der Gezeugte, aber noch nicht Geborene kann Erbe sein, § 1923 II BGB. Ist die Abtreibung nicht mehr rechtswidrig, so kann sich in mancher Situation die Versuchung nahelegen, die Schwangere durch Druck zur Abtreibung zu bestimmen, um den Erbrivalen auszuschalten. Hat der nasciturus einen Pfleger erhalten (§§ 1912, 1960 BGB), erstrecken sich dessen Vollmachten nur auf die Wahrung seiner künftigen Rechte und enden mit der Abtreibung. - Die Neuregelung führt insgesamt zu der Konsequenz, daß dem Ungeborenen zwar ein Erbrecht, aber kein Lebensrecht mehr zusteht.

h) Schließlich wird die Neuregelung aller Voraussicht nach bewirken, daß manche Männer an die von ihnen erhobene Forderung nach Abtreibung später die Verweigerung der Alimentenzahlung anknüpfen werden. Das Argument ist vorhersehbar: Die rechtmäßige Forderung auf Schadensabwendung durch ein rechtmäßiges Verhalten unterbreche die Kausalität - die sich ihr entziehende Frau bleibe allein verantwortlich für die Entstehung des Kindes. Es liegt in der Logik des Gesetzes und ist absehbar, daß auch die Gerichte diesem Argument über kurz oder lang Rechnung tragen werden.

Keiner dieser Zwecke ist geeignet, das im § 218 StGB implizierte ethische Unwerturteil in ethisch begründbarer Weise aufzuheben. Der neue Rechtfertigungsgrund des § 218 a I stellt die Ernsthaftigkeit dieses Unwerturteils in Frage und unterwirft die Gesamtregelung rein pragmatischen Erwägungen. Nicht ethische Urteile, sondern Zweckmäßigkeiten entscheiden darüber, was als Recht und Unrecht gilt (dazu u. §§ 36 ff).

Die Vertreter des Bundestages meinen demgegenüber:

"Die Fassungen 'nicht rechtswidrig' und 'nicht strafbar' sind funktional äquivalent"(*Denninger /Hassemer* S.38).

Aus dieser Behauptung läßt sich nur der Schluß ziehen, daß sich der Bundestag der rechtlichen Bedeutung der Formel "nicht rechtswidrig" und ihrer erheblichen Auswirkungen in verschiedenen Rechtsbereichen gar nicht bewußt war und daß er seine Entscheidung ohne Kenntnis ihrer Tragweite getroffen hat.

Angesichts dessen ist auf eine Eigentümlichkeit des Gesetzgebungsverfahrens hinzuweisen. Der Übergang vom Strafausschließungsgrund zur Rechtfertigung wurde erst am 17. Juni 1992, also nur acht Tage vor der entscheidenden Debatte im Bundestag (25.Juni 1992), in den Gesetzentwurf eingefügt. Der Bericht des Sonderausschusses stammt vom 22. Juni; die Neufassung wurde den Abgeordneten also erst unmittelbar vor der Debatte und Schlußabstimmung bekannt. Während der Debatte wurde zwar von einzelnen Rednern darauf Bezug genommen. Gleichwohl besteht Grund zu der Annahme, daß bei weitem nicht allen Abgeordneten die Änderung klar und voll bewußt geworden ist.

Zahlreiche Redner wiesen darauf hin, sie hätten das Gesetz politisch, ethisch und auch verfassungsrechtlich sorgfältig mit allem Für und Wider erwogen und vor ihrer Entscheidung ihr Gewissen geprüft. Dieser Erwägung und dieser Prüfung lag jedoch in den Wochen vor der Debatte ein Entwurf zugrunde, der schließlich gar nicht mehr zur Abstimmung stand, sondern in einem ganz wesentlichen Punkt abgeändert worden war, zu einem Zeitpunkt also, als ihre innere Entscheidung zur Zustimmung bereits gefallen war. Man darf davon ausgehen, daß manch ein Abgeordneter zu einem anderen Entschluß gekommen wäre, wenn ihm diese Änderung des Gesetzentwurfs und seine erhebliche Tragweite so rechtzeitig bekannt geworden wären, daß sie auf seine Gewissensentscheidung hätten Einfluß nehmen können. Es ist durchaus ungewiß, ob auch dann das Gesetz eine Mehrheit gefunden hätte. In der Öffentlichkeit sind Mutmaßungen aufgetaucht, die Einfügung der Legalisierungsformel in den Gesetzesentwurf könnte von dessen Verfassern aus solchen Gründen bis zuletzt zurückgehalten worden sein. Um so dringender ist es, daß das Bundesverfassungsgericht der Formel "nicht rechtswidrig" in § 218 a I seine besondere Aufmerksamkeit zuwendet.

§ 12 Der Widerspruch zum Embryonenschutzgesetz

Die Fristenlösung steht in auffallendem Gegensatz zu den Rechtsüberzeugungen des Bundesgesetzgebers selbst, wie er sie im Embryonenschutzgesetz vom 13.Dezember 1990 (BGBl I S. 2746) zum Ausdruck gebracht hat. Der Embryo in vitro steht für Manipulationen zu wissenschaftlichen Forschungszwecken nicht zur Verfügung. Hier gilt keine Fristenregelung: auf das Entwicklungsstadium kommt es nicht an. Vielmehr gilt:

"Wer einen extrakorporal erzeugten oder einer Frau vor Abschluß seiner Einnistung in die Gebärmutter entnommenen menschlichen Embryo veräußert oder zu einem nicht seiner Erhaltung dienenden Zweck abgibt, erwirbt oder verwendet, wird mit Freiheitsstrafe bis zu drei Jahren oder mit Geldstrafe bestraft" (§ 2 I ESchG).

Beim Embryo im Mutterschoß soll das nun anders sein. Nach den Vorstellungen des Gesetzgebers soll künftig gelten: Wer einen Embryo nach seiner Einnistung in die Gebärmutter im Zeitraum bis zu 12 Wochen zu einem nicht seiner Erhaltung dienenden Zweck entnimmt, handelt rechtmäßig. Der Wertungswiderspruch ist evident und unvereinbar mit dem Gleichheitssatz und dem Rechtsstaatsprinzip.

Die Vertreter des Bundestages tun diesen Widerspruch ab:

"Die Gefährdungen der Tatbestände des Embryonenschutzgesetzes und des Strafgesetzbuchs sind jeweils ganz verschieden" (*Denninger/Hassemer* S.8).

Die Tatbestände haben gemeinsam, daß es um den "Zweck der Erhaltung" geht. Sie unterscheiden sich in erster Linie im Adressaten: Das ESchG schützt den Embryo gegen Eingriffe durch Wissenschaft und Industrie, das Strafgesetzbuch gegen Eingriffe durch Abtreiber. Die einen verfolgen Forschungszwecke, den anderen geht es nur darum, den lästigen Embryo loszuwerden. Letzteres ist - vom Schutzzweck her gesehen - das Schlimmere. Zwar stehen die Probleme der Schwangeren auf dem Spiel, denen der Gesetzgeber durch Indikationen und die Berücksichtigung von Zumutbarkeiten Rechnung trägt, insbesondere durch die Straflosstellung der Frau sogar bis zur 22. Woche. Das schließt aber den Widerspruch nicht aus, der darin läge, wenn allen Ernstes die Manipulation am Embryo von Anfang an bei Strafe verboten wäre, die Tötung hingegen als rechtmäßig gälte. Der Regierungsentwurf erläutert die ratio legis des § 2 I ESchG so:

"Dahinter steht die Erwägung, daß menschliches Leben grundsätzlich nicht zum Objekt fremdnütziger Zwecke gemacht werden darf. Dies muß auch für menschliches Leben im Stadium seiner frühesten embryonalen Entwicklung gelten" (BT-Drucks. 11/5460 S.10).

Der Kommentar zum Embryonenschutzgesetz von *Keller/Günther/Kaiser*, 1992, erläutert:

"Der Hinweis auf die Degradierung des Embryos 'zum Objekt fremdnütziger Zwecke' signalisiert, daß § 2 Abs.I vornehmlich die Menschenwürde als Rechtsgut schützen soll" (§ 2 Rn 5).

Der Kommentar meint an anderer Stelle:

I. Analyse der Neuregelungen

"Ein Wertungswiderspruch zu § 218 ff StGB besteht nicht. Den Regelungen zum Schwangerschaftsabbruch liegt eine sich aus der Symbiose von Schwangerer und Leibesfrucht ergebende Konfliktsituation mit schwerwiegenden Interessenkollisionen zugrunde" (§ 8 Rn 9).

Diese Anmerkung bezieht sich auf die zum Zeitpunkt des Erlasses des Embryonenschutzgesetzes geltende (und auch zum Zeitpunkt des Erscheinens des Kommentars noch geltende) Gesetzeslage. Bei Inkrafttreten der zur verfassungsrechtlichen Prüfung stehenden Neuregelung könnte sie seriöserweise nicht mehr vertreten werden.

Denninger/Hassemer a.a.O. berufen sich zur Stützung ihrer Behauptung, der Wertungswiderspruch bestehe nicht, auf Albin Esers Aufsatz "Neuregelung des Schwangerschaftsabbruchs vor dem Hintergrund des Embryonenschutzgesetzes"[1]. Dieser Aufsatz trägt den Untertitel "Gedanken zur Vermeidung von Wertungswidersprüchen" und kommt zum Ergebnis: Zu ihrer Vermeidung sei eine gesetzgeberische "Korrektur" des Embryonenschutzgesetzes "notwendig" (S.161). Die "verbrauchende" Forschung von Embryonen müsse

"zugunsten hochrangiger Forschungsziele ausdrücklich für straffrei erklärt" werden (S.159).

Damit würde im Effekt der vom Gesetzgeber beabsichtigte Schutz des Embryo wieder aufgehoben. Forscher werden immer "hochrangige Forschungsziele" angeben und - wenn nötig - Gutachterausschüsse davon überzeugen können. Gerichte werden den Beurteilungsspielraum der Genehmigungsbehörde respektieren; Revisionsgerichte werden die Einschätzung der tatsächlichen Umstände durch die Instanzgerichte nicht in Frage stellen. Wir kennen das alles aus den Erfahrungen mit dem Tierschutzrecht. Auch quälende Tierversuche dürfen nur für hochrangige Forschungszwecke durchgeführt werden (§ 7 II TierSchG) und bedürfen der Genehmigung (§ 8). Regelungen solcher Art werden von Seiten der Wissenschaft bekämpft.[2] Sie können leicht unterlaufen werden. Im Ergebnis laufen sie weitgehend leer. Entsprechendes geschähe, wenn man sich Esers Vorschlag zur Novellierung des Embryonenschutzgesetzes zu eigen machte.

---

[1] In: *Eser/Koch*, Schwangerschaftsabbruch: Auf dem Weg zu einer Neuregelung, 1992, S.147 ff.
[2] Vgl. hierzu die Broschüre der DfG: Tierexperimentelle Forschung und Tierschutz, 1981; ferner: *Ullrich/Creutzfeld*, Gesundheit und Tierschutz, 1985.

Gleichwohl hält *Eser* diese Novellierung für "unerläßlich" (S. 159), um einen Wertungswiderspruch zu vermeiden. Einen solchen Widerspruch sieht er nicht nur zu seinem eigenen Modell, das er "Diskursmodell" nennt und daß genaugenommen ein "Selbstindikationsmodell" ist: für die Straffreiheit der Abtreibung soll es genügen, daß

"der Arzt mit der Schwangeren ihre Gründe für einen Abbruch der Schwangerschaft erörtert und schriftlich festgehalten hat, daß nach seiner ärztlichen Beurteilung die Schwangere vom Vorliegen einer psychosozialen Notlage überzeugt ist" (S. 177).

Dieses Modell sei zwar "mit den Grundgedanken des ESchG vereinbar", nicht jedoch mit § 2 ESchG, der allerdings allein relevant und einschlägig ist. Erst recht sei das "Fristenmodell auf Selbstbestimmungsbasis" mit § 2 ESchG unvereinbar - und darüber hinaus sogar - um der eigentümlichen Unterscheidung Esers zu folgen - mit den "Grundgedanken" des Gesetzes. Dies ist aber das Modell, das hier zur verfassungsrechtlichen Prüfung steht. Wertungswidersprüche dieser Art sind mit dem Gleichheitssatz und mit dem Rechtsstaatsprinzip nicht vereinbar.

§ 13 Die sozialen Regelungen

Den verfassungsrechtlichen Einwänden gegen die Neuregelung werden die sozialen Regelungen des Schwangeren- und Familienhilfe-Gesetzes entgegengehalten, z.B. die Verpflichtung zur Einrichtung einer hinreichenden Zahl von Kindergartenplätzen und die Verbesserung der Arbeitsförderung, der Wohnungssituation und der Sozialhilfe. Es besteht kein Anlaß, die Eignung dieser Vorschriften zur Verbesserung des Lebensschutzes zu bezweifeln, sobald sie umgesetzt worden sind.

Die Wirksamkeit der sozialen Regelungen ist jedoch von der Alternative "Fristenlösung" oder "Indikationenregelung" ebenso unabhängig wie von der Frage, ob die Beratung als Rechtfertigungs- oder als Strafausschließungsgrund ausgestaltet ist. Die sozialen Regelungen sind deshalb im Normenkontrollverfahren nicht angegriffen worden. Sie sollen vielmehr auch beim Fortbestand der Indikationenregelung in Geltung bleiben. Es ist nicht ersichtlich, inwiefern zwischen ihnen und der strafrechtlichen Neuregelung ein "unlöslicher Zusammenhang" bestehen sollte.

Zu einer verfassungsrechtlichen Legitimierung dieser Neuregelungen sind die flankierenden sozialen Maßnahmen auch aus zwei weiteren Gründen ungeeignet.

I. Analyse der Neuregelungen

Erstens hängt ihre Wirksamkeit von ungewissen künftigen Bedingungen ab. Es bedarf noch ergänzender Regelungen zu ihrer Umsetzung, insbesondere zu ihrer Finanzierung, die zwischen Bund und Ländern noch streitig ist. Würde das Gesetz für verfassungsmäßig erklärt, so könnte es geschehen, daß zwar die Fristenregelung in Kraft tritt, die sozialen Regelungen des Gesetzes ihre Wirksamkeit jedoch noch nicht entfalten. Der von ihnen erhoffte Lebensschutz bliebe dann aus.

Vertreter einzelner Länder haben geltend gemacht: Gerade deshalb bedürfe es der Inkraftsetzung der Fristenregelung. Damit würde nämlich der Bund "unter Druck" gesetzt, die Finanzierung für Aufgaben, die in der Zuständigkeit der Länder liegt, zu übernehmen. Dieses Argument bringt zum Ausdruck, daß die betreffenden Länder ihren Verpflichtungen, die mit den sozialen Regelungen des Gesetzes verbunden sind, von sich aus nicht nachzukommen gedenken. Wer so argumentiert, hätte dem Gesetz im Bundesrat nicht zustimmen dürfen, solange die Übernahme der Verpflichtungen durch den Bund nicht gesichert ist, und den Vermittlungsausschuß anrufen müssen. Hat er gleichwohl zugestimmt, so ist sein Verhalten inkonsequent und kann in der Öffentlichkeit die Frage wecken, wie weit es ihm mit dem Lebensschutz ernst ist. Solche Zweifel sind aber für die lebensschützende Wirkung abträglich, weil sie sich wiederum auf das Rechtsbewußtsein negativ auswirken müssen.

Auch wenn Finanzierung und Umsetzung gesichert wären, träten die beabsichtigten Wirkungen zum Teil erst im Laufe der Zeit ein. So sieht z.B. Art. 5 des Familien- und Schwangerenhilfe-Gesetzes die Verpflichtung vor,

"für Kinder im Alter unter drei Jahren ... nach Bedarf Plätze in Tageseinrichtungen ... vorzuhalten."

Dieser Pflicht entspricht jedoch kein subjektiv-öffentliches Recht auf Zugang zu einer solchen Einrichtung. Das wäre auch jedenfalls nur im Rahmen der vorhandenen Kapazitäten möglich. Deshalb heißt es weiter:

"Die Träger der öffentlichen Jugendhilfe ... haben darauf hinzuwirken, daß ... das Betreuungsangebot für Kinder im Alter unter drei Jahren ... bedarfsgerecht ausgebaut wird".

Damit bringt der Gesetzgeber selbst zum Ausdruck, daß der bedarfsgerechte Ausbau eine längere Zeit in Anspruch nehmen wird. Die Träger der öffentlichen Jugendhilfe sind überdies nur zu einem geringen Teil selbst Träger von Kindergärten: Dies sind überwiegend private Einrichtungen und kreisangehörige Gemeinden, die keineswegs "im Auftrag" der Träger der öffentlichen Jugendhilfe tätig werden und durch das Gesetz zu nichts verpflichtet werden.[3]

Die negativen Auswirkungen der neuen Strafrechtsregelung könnten durch die sozialen Regelungen nur dann abgemildert werden, wenn ihre Geltung mit der Wirksamkeit der sozialen Regelungen zeitlich abgestimmt wäre. Der Hinweis auf die abmildernden Wirkungen wäre nur glaubwürdig, wenn die Inkraftsetzung des neuen § 218 a I StGB bis zu ihrem Eintritt aufgeschoben worden wäre.

Die Verteidiger des Gesetzes nehmen an, daß die sozialen Regelungen für sich allein ausreichen, um die strafrechtlichen Neuregelungen verfassungsrechtlich zu legitimieren und sprechen deshalb von einem "unauflöslichem Zusammenhang" zwischen beiden. Angenommen, das träfe zu, dann ergäbe sich schon aus der Logik dieses Arguments selbst, daß die verfassungsrechtlich legitimierende Wirkung nicht besteht, solange die Finanzierung der sozialen Maßnahmen nicht gesichert und ihre Wirksamkeit nicht eingetreten ist.

§ 14 Beratung

Die Ausgestaltung der Beratung wird allerdings durch das Schwangeren- und Familienhilfegesetz in doppelter Weise ergänzt. Zum einen sieht Art. 1 §§ 2-4 einen umfangreichen Ausbau des Systems vor, ferner seine öffentliche Förderung, Sorge für die Qualifikation seiner Mitarbeiter, Hinweise auf die neuen sozialen Hilfsmöglichkeiten und den Auftrag an die Beratungsstellen, die Schwangere bei deren Inanspruchnahme zu unterstützen. Dies könnte dem Lebensschutz allerdings nur dienen, wenn sichergestellt wäre, daß nur solche Beratungseinrichtungen anerkannt werden, die ihn wirklich ernst nehmen (u. § 29). Zum anderen führt Art. 13 einen neuen § 219 StGB ein, demzufolge die Beratung dem "Lebensschutz unter Anerkennung des hohen Wertes des vorgeburtlichen Lebens" dient, allerdings mit der Hinzufügung "und der Eigenverantwortung der Frau". Damit ist ein bequemes Schlupfloch für diejenigen Beratungseinrichtungen geschaffen, denen es auf den Lebensschutz nicht ankommt (u. §§ 25 ff).

Die lebensschützende Wirkung könnte überdies durch weitere Neuregelungen des Beratungssystems beeinträchtigt werden.

---

[3] *Struck/Wiesner*, Der Rechtsanspruch auf einen Kindergartenplatz, Wirkungen und Nebenwirkungen einer Entscheidung des Gesetzgebers, ZRP Dez. 1992.

I. Analyse der Neuregelungen

a) Gemäß § 219 III Satz 1 wird die Beratung nicht protokolliert. Damit wird das Risiko heraufbeschworen, daß sie nicht seriös erfolgt oder gar ganz unterbleibt und daß der Frau gleichwohl die Beratungsbecheinigung ausgehändigt wird - selbst dann, wenn sie das gar nicht verlangt. Diese Befürchtung ist nicht aus der Luft gegriffen, sondern hat leider sehr reale Grundlagen: Es ist vielfach Praxis, die Beratungs- und Notlagenbescheinigung vor Beginn des Beratungsgesprächs auszuhändigen.[4]

b) Die Beratung ist, ebenfalls gemäß § 219 III, auf Wunsch der Schwangeren anonym durchzuführen. Damit besteht die Gefahr, daß sich die Anonymität auf die Beratungsbescheinigung erstreckt. Diese würde dann gewissermaßen zu einer Art Inhaberpapier. Ein solches aber weist die erfolgte Beratung nicht wirklich nach. Die Möglichkeit ist nicht von der Hand zu weisen, daß "Emanzipations"-Gruppen, die ein Lebensrecht des Ungeborenen prinzipiell verneinen und deshalb das Gesetz zu unterlaufen trachten, abtreibungswilligen Frauen solche Bescheinigungen verschaffen. Die vorgesehene Datierungspflicht verhindert zwar, daß solche Bescheinigungen "vorrätig" gehalten werden. Sie schließt aber diesen naheliegenden Weg zur Umgehung der Beratung nicht grundsätzlich aus.

Die Vertreter des Bundestages meinen:

"Die Anonymität der Beratung ist gewährleistet, wenn die Identität der zu Beratenden der beratenden Person verborgen bleibt. Dies kann durch eine räumliche Trennung zwischen dem/der Berater/in und der die Bescheinigung austellenden Person bewerkstelligt werden" (*Denninger/ Hassemer* S. 54).

Das Gesetz sieht das nicht vor. Es kann es auch nicht vorsehen. Denn wie kann die "ausstellende Person" unter diesen Umständen wissen, ob eine seriöse Beratung oder überhaupt eine Beratung stattgefunden hat?

c) Gemäß § 218 a I StGB tritt die rechtfertigende Wirkung aber schon dadurch ein, daß dem Arzt die Beratung "durch eine Bescheinigung nachgewiesen" wird. Ob sie tatsächlich stattgefunden hat, bleibt offen und ist nicht überprüfbar.

d) Art. I § 3 Abs.I des Schwangeren- und Familienhilfegesetzes sieht vor, daß Beratungsstellen "unterschiedlicher weltanschaulicher Ausrichtung" zur Auswahl stehen sollen. Damit kann nur gemeint sein: Beratungsstellen, die das Lebensrecht des Ungeborenen ernst nehmen und solche, die das nicht tun.

---

[4] *Gerhardt Amendt* (ehemals Vorsitzender von Pro Familia, Bremen), Wie Zwangsberatung ratlos macht, Reinbek 1978, S. 72.

Denn auf alle anderen für die Beratung relevanten Fragen kann die "Weltanschauung" keinen Einfluß haben. Weder die juristische und soziale Information z.B. über verwaltungsrechtliche Ansprüche, die strafrechtliche Rechtslage, die Möglichkeiten der Adoption, die sozialen Hilfen für Mutter und Kind, noch die medizinische Information über Probleme im Zusammenhang mit der Abtreibung hängen von der "Weltanschauung" des Beratenden ab - es sei denn, man unterstellt, die "Weltanschauung" beeinträchtige die sachliche und korrekte Information. Lediglich die Grundtendenz der Beratung - Respekt vor dem Lebensrecht des Ungeborenen oder seine Geringschätzung - wird durch die "Weltanschauung" bestimmt.

Der weltanschauliche Pluralismus der Beratungsstellen kann also nur die Bedeutung haben, auch solche Beratungsstellen zu legitimieren und zu ermuntern, die die Vorschrift des § 219 nicht ernst nehmen, wonach die Beratung "dem Lebensschutz unter Anerkennung des hohen Wertes des vorgeburtlichen Lebens dient". Die abtreibungsgeneigte Frau kann von vornherein Beratungsstellen aufsuchen, von denen eine entsprechende Tendenz bekannt ist. Diese können ihr die möglicherweise bestehenden Gewissensbedenken ausreden und sie in diesem Zusammenhang vor allem darauf hinweisen, erstens, daß es auf das Vorliegen einer Indikation nicht ankommt, zweitens, daß die Abtreibung nach dieser Beratung nicht rechtswidrig ist.

Bei dieser Form der Ausgestaltung ist die Annahme, das Gesetz diene wenigstens wegen des Beratungssystems dem Lebensschutz, offensichtlich haltlos. Das gilt umso mehr, als es Beratungseinrichtungen wie "Pro familia" gibt, die sich - jedenfalls in den meisten Landesverbänden - das gesetzlich vorgegebene Ziel des Lebensschutzes unter keinen Umständen zu eigen machen werden (u. §§ 25 ff).

II. Die Verletzung der Schutzpflicht

§ 15 Warum die Abtreibungszahlen steigen werden

Die voraussichtlichen Auswirkungen der strittigen Neuregelungen lassen sich zwar nicht im Sinn empirisch feststellbarer Kausalität "beweisen". Es gibt jedoch Anhaltspunkte, die so evident sind, nach den Erfahrungen des Lebens so "auf der Hand liegen", daß von ihnen auszugehen ist und die materielle Beweislast bei demjenigen liegt, der sie eventuell in Zweifel zieht.

1. Die sich aufdrängende Prognose lautet erstens, daß die Abtreibungszahlen allein schon deshalb in ganz erheblichem Maße steigen werden, weil sehr viel mehr unerwünschte Kinder gezeugt werden. Ist die Neuregelung solcher Art, daß sie die Hemmungen vor der Abtreibung wesentlich vermindern muß, mindert sich folglich auch die Hemmungen, das Risiko der Zeugung und Empfängnis einzugehen. Der Verzicht auf Indikationen zugunsten der Fristenlösung und die Rechtfertigung bloß durch Vorlage der Beratungsbescheinigung in § 218 a I prägen dem öffentlichen Bewußtsein die Vorstellung auf, die Abtreibung sei etwas Harmloses, leicht zu Rechtfertigendes. Unter diesen Umständen wird sie zwangsläufig zum Instrument der Familienplanung und Geburtenkontrolle. Sie wird als "zweite Abwehrlinie zur Kinderverhütung" verstanden werden, wie Erfahrungen aus anderen Ländern, z.B. aus Japan und den USA, bestätigen.

Ist sie einmal als solche akzeptiert, so kommt es auf die "erste Abwehrlinie", die Vermeidung der Empfängnis durch Enthaltung oder durch Verhütung, nicht mehr so dringend an. Liebespaare können wesentlich nachlässiger werden und brauchen sich keine ernsthaften Gedanken mehr über die Empfängnisvermeidung zu machen. Haben sie für Verhütungsmittel keine Vorsorge getroffen und sind gerade keine zur Hand, oder empfindet er oder sie ihren Gebrauch als störend, so wird das kein Anlaß zu Vorsicht und Zurückhaltung mehr sein. Männer sind von der liebevollen und verantwortungsbewußten Rücksicht auf die Frau weitgehend entlastet und können sich bedenkenlos der Lust hingeben: notfalls kann sie ja ohne weiteres die Frucht abtreiben.

Die Leichtfertigkeit bei der Zeugung wird noch verstärkt durch die Freigabe der "Pille danach" (§ 218 I Satz 2): Die Paare werden die Vorstellung haben, die Frau könne sich diese Pille ja in den nächsten Tagen verschaffen. Häufig wird sie diesem Vorsatz oder dieser Erwartung des Partners anschließend doch nicht entsprechen, weil sie nicht weiß, ob sie schwanger geworden und weil die Pille nicht ganz unbedenklich ist. Sie wird also Klarheit abwarten, in der Meinung, sie könne angesichts der neuen Regelung dann ja ohne Bedenken die Abtreibung vornehmen lassen.

Kurz: die Abtreibung wird zum Verhütungsersatz, ein jederzeit einsetzbares Mittel der Abwendung unerwünschter Kinder, das unbedenklich zur Verfügung steht und über die Krankenkassen abgerechnet wird - die letzte Stufe der Abkopplung der Sexualität von der Liebe und der Weitergabe des Lebens. Die belastenden psychischen Konflikte, die sich für viele Frauen später einstellen[1], stehen ihr meist im Augenblick der Entscheidung noch nicht im Bewußtsein. Der Gesetzgeber setzt die Frauen ihnen aus, ohne sie später davon entlasten zu können und ohne Verantwortung für sie zu übernehmen.

2. Ferner verstärkt das Gesetz die Tendenz der Männer, die Abtreibung von ihr zu verlangen und sie unter Druck zu setzen. Soweit nämlich das Gesetz die Abtreibung rechtfertigt, liegt darin keine Anstiftung mehr (o. § 11).

Daran müssen Männer ein erhebliches Interesse haben: 27 % aller ungewollt Schwangeren wurden schon bisher von ihrem Partner mit der Forderung nach Abtreibung konfrontiert, 44 % der unter 25jährigen.[2] Die Neuregelung muß bei lebensnaher Betrachtungsweise diese Zahl weiter steigen lassen. Das "Selbstbestimmungsrecht" der Frau wird zum Fremdbestimmungsrecht des Mannes.

3. Schließlich nimmt das Gesetz den Frauen, die sich dem Druck der Männer widersetzen und das Kind austragen wollen, den Rückhalt. Das Argument: "ich tue nichts Unrechtes und verweigere schon deshalb die Abtreibung", wird den Frauen aus der Hand geschlagen. Nach Umfragen gaben 39 % der Frauen, die abgetrieben haben, die Schuld daran dem Druck ihrer Umwelt.[3] (Eingehender zu den Interessen der Männer u. § 40.)

---

[1] Hierzu u. § 40.
[2] *Renate Köcher*, Schwangerschaftsabbruch - Betroffene Frauen berichten, in: Aus Politik und Zeitgeschehen (1990) B 14.
[3] *Maria Simon*, Die psychosoziale Beratung bei Konfliktschwangerschaft, in: *Klaus Weigelt* (Hg.), Freiheit, Recht Moral, 1988, S. 134 ff, 145.

§ 16 Erfahrungen aus der ehemaligen DDR

Die Annahme, daß die Abtreibungszahlen erheblich steigen werden, wird durch Erfahrungen aus der ehemaligen DDR untermauert. Denn die Neuregelung ist der dort seit 1972 geltenden Regelung weitgehend angenähert, zwar nicht im Detail, aber in der prinzipiellen normativen Grundeinstellung. Dort gilt die Fristenregelung, verknüpft mit einer Reihe von sozialen Absicherungen für die Mutter, die zwar den im neuen Gesetz vorgesehenen sozialen Regelungen nicht genau entsprechen, ihnen jedoch in vieler Hinsicht nahe kommen. Es fehlt zwar die Beratungspflicht, doch sind die sozialen Absicherungen auch ohne sie bekannt. An der Situation in der DDR läßt sich also mit einiger Sicherheit ablesen, ob Regelungen dieser Art zu einer höheren oder einer niedrigeren Abtreibungsrate führen.

Die Zahlen in den neuen Bundesländern sprechen eine eindeutige Sprache: im Vergleich zu den alten Ländern ist die Zahl der Abtreibungen im Verhältnis zur Bevölkerungszahl erheblich höher als in der alten Bundesrepublik, wo die Indikationenregelung gilt:

Nach Angaben im Deutschen Ärzteblatt vom 21.12.1991 war die Zahl der Abtreibungen im Verhältnis zur Bevölkerung in den neuen Ländern fast doppelt so hoch wie in den alten Bundesländern[4]. Nach Angaben des Statistischen Bundesamtes vom Mai 1992 liegt sie sogar rund dreimal so hoch.[5] Es drängen sich also unabweisbar zwei Schlußfolgerungen auf:

Erstens führt die Fristenregelung zu einer Verdoppelung bis Verdreifachung der Abtreibungszahlen, zweitens wird dieser Effekt durch soziale Absicherungen nicht aufgefangen.

Demgegenüber verweisen die Vertreter des Bundestages darauf, daß in der ehemaligen DDR eine "kinderfreundliche Gesellschaft" geherrscht habe (*Denninger/Hassemer* S. 75), gekennzeichnet durch die "mindestens quantitativ bessere Kinderbetreuungsdichte" und "die Bevorzugung von Müttern und Kindern bei der Wohnungsvergabe" (S.74). Infolgedessen hätten heute 77 % der ganztags berufstätigen Frauen in den neuen Bundesländern Kinder, im Westen 36 %. Auch insgesamt liege die Geburtenrate im Osten höher: 77 % der Frauen hätten Kinder unter 14 Jahren, im Westen 68 %.

---

[4] Auf tausend Frauen zwischen 15 - 44 Jahren kommen in der alten Bundesrepublik 11,4 in der ehemaligen DDR 21 Abtreibungen.
[5] 1991: 49.284 gemeldete Abtreibungen in den neuen Ländern ohne Ostberlin, 74.571 in den alten Ländern. Die Bevölkerungszahl in den neuen Ländern ohne Ostberlin betrug 15.424.500, in den alten Ländern 61.015.300. Vgl. hierzu den Schriftsatz des Vertreters der Bayerischen Staatsregierung vom 14.7.92, S. 7.

Aus diesen Angaben ziehen sie einen merkwürdigen Schluß: Sie meinen,

"daß die signifikanten Unterschiede zwischen Ost- und Westdeutschland bei den Zahlen zu Kinderhäufigkeit und Berufstätigkeit der Mütter indirekt auch die These und Befürchtung widerlegen, eine Entkriminalisierung des Schwangerschaftsabbruchs werde die Abbruchzahlen in die Höhe schnellen lassen" (S. 76).

Die These wird durch diese Umstände aber nicht "widerlegt", sondern bestätigt. An den Abtreibungszahlen ändern sie nichts. Diese erscheinen jedoch angesichts dieser "kinderfreundlichen" Umstände noch dramatischer. Wenn sie trotz dieser Umstände zwei- bis dreimal so hoch liegen wie im Westen, so kann das nur an der "Entkriminalisierung" liegen und zeigt, daß diese auch im Verbund mit sozialen Maßnahmen ungeeignet ist, dem Lebensschutz zu dienen.

§ 17 Die Destruktion des Unrechtsbewußtseins

Diese Wirkungen sind auch leicht erklärlich. Regelungen dieser Art müssen fast zwangsläufig dazu führen, daß das Leben des Embryo nicht mehr als ein schützenswertes Rechtsgut wahrgenommen und wirklich ernstgenommen wird. Eine Schwangere, die eine Abtreibung erwägt, sieht sich zwar auch dann noch in einer Konfliktlage. Es handelt sich dann nach ihrer Auffassung aber nicht um einen Konflikt zwischen ihren Interessen und dem Lebensrecht des Ungeborenen, sondern um einen Konflikt zwischen verschiedenen Interessen der Frau. Es geht dann nur noch um die Frage, was nach ihrer Interessenlage - und ausschließlich nach ihr - für und gegen die Austragung der Schwangerschaft spricht.

Daß dieser Effekt in der DDR herbeigeführt worden ist, zeigt sich an dem ganz überwiegenden Abstimmungsverhalten der Abgeordneten aus den neuen Ländern, auch der CDU-Abgeordneten, die dem Antrag der eigenen Fraktion größtenteils die Gefolgschaft verweigerten. Es zeigt sich ebenso an der Zustimmung aller neuen Länder, auch der CDU-geführten, zu dem neuen Gesetz im Bundesrat. Dieses Abstimmungsverhalten trägt sicherlich der Grundstimmung einer Bevölkerung Rechnung, die sich an die befristete Freigabe der Abtreibung gewöhnt hat und für lebensschützende Regelungen kaum noch Verständnis aufbringt.

Diese das Rechtsbewußtsein destruierende Wirkung der Fristenregelung gewinnt an Anschaulichkeit durch Beispiele. Deshalb sei aus der Rede zitiert, die die Hauptsprecherin von Bündnis 90/Grüne, *Christina Schenk*, in der

Bundestagsdebatte vom 25.6.1992 hielt: "Es ist eine absurde Vorstellung, daß ein Schwangerschaftsabbruch grundsätzlich Unrecht sei und mit staatlicher Mißbilligung bedacht werden müsse." Die Entscheidungsfreiheit der Frau verlange vielmehr, daß "sowohl die eine wie die andere Entscheidung als gleichwertig akzeptiert wird". Die gegenteilige Auffassung beruhe "auf einem definitorischen Kunstgriff, der die Leibesfrucht der Frau, die unzweifelhaft Teil des Körpers der Frau ist, zu einem eigenständigen Menschen umdefiniert. Auf der Grundlage dieser Fiktion wird der Fötus zum Rechtsgut, der staatlichen Schutz beanspruchen kann". Dieser Auffassung Rechtsgeltung zu verschaffen, sei "totalitär und nur vor dem Hintergrund des immer noch großen Einflußes der christlichen Religion zu verstehen". Sie folgert: "Die Frauenbewegung wird das nicht hinnehmen. Der § 218 gehört auf den Müllhaufen der Geschichte, und da wird er auch landen. Das ist absolut sicher." Sie spricht sich deshalb auch gegen den Gruppenantrag aus, vor allem aus drei Gründen: Erstens müsse die Schwangere eine "Zwangsberatung über sich ergehen lassen". Zweitens solle diese "dem Lebensschutz dienen". Drittens sei "eine Frist vorgesehen, die nicht notwendig ist".[6]

§ 18 Statistische Erfahrungen

Für die Frage, ob eine "Liberalisierung" der Abtreibung generell die Zahlen der Abtreibung steigen oder sinken läßt und insofern dem Lebensschutz dient oder schadet, werden von beiden Seiten statistische Erfahrungen angeführt, und zwar a) aus anderen Ländern, b) aus der alten Bundesrepublik und c) aus der ehemaligen DDR.

a) International

Die Befürworter des Gesetzes machen geltend,

"daß eine zurückhaltende Regelung jedenfalls dann mit niedrigeren Schwangerschaftsabbruchzahlen einhergeht, wenn sie von einem wirkungsvollen System sozialer und ökonomischer Absicherungen und konfliktgerechter Beratung begleitet ist".[7]

Wenn das zutreffen sollte, liegt es aber gewiß nicht an der "zurückhaltenden" strafrechtlichen Regelung, sondern eben an dem System sozialer und ökonomischer Absicherungen und an konfliktgerechter Beratung.

---

[6] Sten.Bericht der 99.Sitzung des Deutschen Bundestages am 25.7.1992, S. 8234 A - 8236 A.
[7] So das Kernargument der Vertreter der SPD-geführten Länder im Schriftsatz vom Juli 1992, S. 3, mit Nachweisen.

Der Hinweis ist also ohne Aussagekraft für die Alternative: Indikationen- oder Fristenregelung. Dafür könnten empirische Daten nur dann einen Hinweis geben, wenn irgendwo bei einem gleichbleibenden sozialen System ein Übergang von der Indikationen- zur Fristenregelung vorgenommen worden wäre.

Die Vertreter der SPD-geführten Länder meinen darüber hinaus selbst:

"Was das statistische Dunkelfeld angeht, gehen die Schätzungen weit auseinander".[8]

Da es sich nicht aufhellen läßt, liegt die materielle Beweislast bei denen, die der Fristenregelung eine günstigere Auswirkung auf den Lebensschutz zusprechen als der Indikationenregelung.

b) Alte Bundesrepublik

Was die nationalen Erfahrungen zunächst auf dem Gebiet der alten Bundesländer betrifft, so zeigt die Statistik des Bundesamtes spätestens seit Anfang der achtziger Jahre rückläufige Zahlen und ein immer günstigeres Verhältnis zwischen Abtreibungen und Geburten. Auch die Zahlen der zu Lasten der gesetzlichen Krankenversicherungen abgerechneten Abtreibungen zeigen rückläufige Tendenz.

Darauf verweisen die Vertreter der SPD-geführten Länder und fügen hinzu:

"Zwar basieren diese Zahlen auf einer unzureichend eingehaltenen Meldepflicht, man kann jedoch davon ausgehen, daß das Meldedefizit seit Anfang der achtziger Jahre weitgehend konstant geblieben ist."[9]

Sie suchen aus diesen Angaben ein Argument dafür zu gewinnen, daß die Fristenregelung dem Lebensschutz besser diene als die Indikationenregelung. Das ist schwer nachvollziehbar; denn die Zahlen beziehen sich auf einen Zeitraum, in dem die bisherige Indikationenregelung galt. Sie können also nur die gegenteilige Annahme stützen, nämlich: diese Regelung wirkt sich auf das Rechtsbewußtsein und damit auf den Lebensschutz günstiger aus, als die Befürworter der Fristenregelung ihr unterstellen. Wird ein Indikationenmodell nunmehr durch die neuen sozialen Regelungen ergänzt, so ist davon eine weitere Verbesserung des Lebensschutzes zu erwarten.

---

[8] A.a.O., S. 3.
[9] A.a.O., S. 3.

II. Die Verletzung der Schutzpflicht

Die Vertreter der SPD-geführten Länder verweisen auf repräsentative Umfragen,

"nach denen in der alten Bundesrepublik das Rechtsgefühl und -bewußtsein der Bürgerinnen und Bürger in Sachen Schwangerschaftsabbruch seit der Geltung der bisherigen Regelung über die Jahre gewachsen ist".[10]

Das ist richtig, trägt aber nicht ihre Schlußfolgerung:

"Es spricht nichts dafür, daß der Wechsel zur angegriffenen Regelung (zur Fristenlösung) ihm (dem Rechtsbewußtsein) schaden würde."[11]

Der Umfragebericht, auf den sie sich beziehen, führt aus:

"Die gesellschaftliche Unterstützung für die Indikationenlösung ... ist kontinuierlich gewachsen; gleichzeitig hat sich jedoch die Interpretation der Indikationenlösung in der Bevölkerung gewandelt: die Bedingungen, unter denen die Bevölkerung für einen Schwangerschaftsabbruch Verständnis hat, werden heute enger gefaßt als in den siebziger und noch Anfang der achtziger Jahre. Zwischen Mitte und Ende der achtziger Jahre ist die Unterstützung für das geltende Recht kontinuierlich gewachsen. 1984 plädierten 50 % der Bevölkerung dafür, den Schwangerschaftsabbruch in bestimmten Fällen zu erlauben, und zwar sowohl in Fällen medizinischer sowie sozialer Indikation. Bis 1988 stieg die Unterstützung dieser Position auf 61 % der Bevölkerung. Die wachsende Unterstützung kam nicht aus dem Lager der harten Abtreibungsgegner, sondern interessanterweise von den früher engagierten Verfechtern der Fristenlösung. Ihr Anhängerkreis ist in den achtziger Jahren kontinuierlich kleiner geworden. Er verringerte sich von 30 % im Jahre 1984 auf 22 % im Jahre 1988."[12]

Der Übergang von der Indikationen- zur Fristenlösung muß demnach, wenn diese Zahlen noch heute gültig sind, gegen das Rechtsgefühl von 78 % der Bevölkerung durchgesetzt werden. Anscheinend handelt es sich um gesetzgeberische Nachgiebigkeit gegenüber einer besonders engagierten, lautstarken und in den Medien überrepräsentierten Minderheit. Diese Nachgiebigkeit kann sich auf das Rechtsbewußtsein der Bevölkerung nicht günstig auswirken und zum Sinken der Abtreibungszahlen nichts beitragen, sondern muß im Gegenteil die Tendenz zur bedenkenlosen Abtreibung erheblich stärken.

---

[10] Schriftsatz vom Juli 1992, S. 7.
[11] Ebenda.
[12] *Renate Köcher*, Schwangerschaftsabbruch - betroffene Frauen berichten, aus Politik und Zeitgeschehen 1990, B 14, S.32.

c) Ehemalige DDR

Die Fristenregelung hat sich in der ehemaligen DDR auf das Rechtsgefühl verheerend ausgewirkt, so daß die Abtreibungszahlen im Verhältnis zur Bevölkerung dort im Vergleich mit den alten Bundesländern um das Doppelte oder Dreifache höher liegen. Auch die Verteter des Bundestages meinen,

> "daß die Menschen in den neuen Ländern aufgrund ihrer anderen gesetzlichen Erfahrungen andere normative Einstellungen haben als die in den alten".[13]

Das ist gewiß richtig. Die Annahme hat alle Wahrscheinlichkeit für sich, daß nach zwanzigjähriger Geltung der Fristenregelung die normative Einstellung dahingeht, Abtreibungen hätten nichts Rechtswidriges an sich und könnten folglich ohne Bedenken und Hemmungen vorgenommen werden.

Die Vertreter des Bundestages bezweifeln gleichwohl die dramatischen Abtreibungszahlen aus der ehemaligen DDR, obwohl sich diese angesichts der "anderen normativen Einstellungen" in den neuen Ländern auch ohne statistischen Nachweis nahelegen würden. Sie meinen: die Meldepraxis in den neuen Ländern sei

> "eine ganz andere und viel unbefangenere als in einem Gebiet, in dem eine mit vielen Unklarheiten behaftete Indikationenregelung gilt, welche die Ärzte unbestimmten Strafbarkeitsrisiken aussetzt, und in dem ein Verfahren wie der Memminger Abtreibungsprozeß hat stattfinden können".[14]

Sie meinen m.a.W.: die Meldeziffern aus den neuen Ländern seien einigermaßen zuverlässig, die aus den alten Ländern hingegen blieben weit hinter der Wirklichkeit zurück.

Das ist möglich, aber dafür gibt es weder einen Anhaltspunkt noch eine schlüssige Erklärung. Der Hinweis auf den Memminger Prozeß unterstellt den westdeutschen Frauenärzten, daß sie in großem Umfang illegale Abtreibung ohne vorherige Beratung und unter Umgehung der Steuerpflicht vornehmen und deshalb die Meldung unterlassen (u. § 28). Denn bei legal vorgenommenen Abtreibungen gäbe es für diese Unterlassung keinen Grund. Die Legalität der Abtreibung ist nach bisheriger Rechtslage gegeben, wenn dem Arzt erstens die schriftliche Feststellung eines anderen Arztes über das Vorliegen einer Indikation vorliegt (§ 219) und er zweitens auch selbst von diesem Vorliegen subjektiv überzeugt ist (§ 218 a). Diese Überzeugung

---

[13] Schriftsatz vom 30. Juli 1992, S. 22.
[14] A.a.O., S. 14.

schafft ein subjektives Rechtfertigungselement. Es ist nicht ersichtlich, wieso ein Arzt, der sich in diesem Rahmen bewegt, die Meldung unterlassen sollte, zumal diese ohne Nennung des Namens der Schwangeren erfolgt.

Diese Unterstellung steht auch im Widerspruch dazu, daß die Zahl der zu Lasten der gesetzlichen Krankenversicherung abgerechneten Abtreibungen in den achtziger Jahren in den alten Ländern rückläufige Tendenz zeigt. Man darf davon ausgehen, daß jedenfalls bei diesen Abrechnungen in Ost und West gleiche Disziplin oder Disziplinlosigkeit herrscht und daß westdeutsche Ärzte nicht in größerem Umfang als ostdeutsche auf das ihnen zustehende Honorar verzichten.

Kurz: die Unterstellung, die erheblich höheren Zahlen der gemeldeten Abtreibungen in der ehemaligen DDR erklärten sich aus einer signifikant besseren Meldedisziplin, entbehrt der Grundlage und Plausibilität.

Gegen diese Annahme spricht auch, daß die Gesetzesbefürworter annehmen, die Meldedisziplin in der alten Bundesrepublik habe sich schon durch die Gesetzesreform von 1974/76 eingestellt. Die Zahl der gemeldeten Abtreibungen betrug 1973: 13.021, 1978: 73.548. Wenn sich in diesen Zahlen nicht ein reales Ansteigen der Abtreibungszahlen spiegeln soll, sondern nur eine bessere Meldedisziplin infolge der Reform, dann ist damit dieses Argument konsumiert.

Da nach allem von der jetzt zu prüfenden Gesetzesreform ein erhebliches Ansteigen der realen Abtreibungszahl zu erwarten ist, mußte sich denen, die bereit sind, das in Kauf zu nehmen, die Versuchung geradezu aufdrängen, die Meldepflicht abzuschaffen. Eigentümlicherweise sieht das neue Gesetz sie tatsächlich nicht mehr vor. Es ist zu hoffen, daß die Verteidiger des Gesetzes für dieses merkwürdige Entfallen plausible Erklärungen anbieten können. Nach den Regeln des prima facie -Beweises würde sich sonst die Vermutung nahelegen, die für die genaue Formulierung des Gesetzentwurfs letztlich Verantwortlichen erwarteten selbst das erhebliche Ansteigen der Abtreibungszahl, wollten es aber durch Streichung der Meldepflicht unsichtbar machen.

III. Lebensschutz durch Selbstbestimmung?
Zur Stellungnahme der SPD-geführten Länder

§ 19 Die doppelte Motivation des Gesetzes

In dem angefochtenen Gesetz fließen zwei politische Motivationsströme zusammen: Verbesserung des Lebensschutzes und Selbstbestimmungsrecht der Schwangeren. Um beides miteinander in Einklang zu bringen, lautet die zusammenfassende Begründung: Verbesserung des Lebensschutzes eben durch Anerkennung des freien Selbstbestimmungsrechts. Denn der Lebensschutz lasse sich nicht ohne die Mitwirkung der Schwangeren durchsetzen. Die Beratung könne sie zur Entscheidung für das Kind motivieren und dadurch den Lebensschutz verbessern, aber nur, wenn die Entscheidungen für und gegen das Leben als rechtlich und moralisch völlig gleichwertig gälten und die Frau ihre Entscheidung frei von jedem rechtlichen oder gesellschaftlichen Druck treffen könne.

Ließe sich diese Konzeption - Lebensschutz durch Selbstbestimmung - schlüssig begründen, so wäre beiden Motivationsströmungen an der "politischen Basis" Rechnung getragen: Denen, die das Verfassungsrecht und überhaupt das Recht ernst nehmen, und den "Emanzipations"-Gruppen.

"Emanzipation" bedeutet in ihren Zusammenhängen nicht mehr, wie in der Verfassungsgeschichte üblich: Herstellung der Gleichberechtigung (der Juden, der Sklaven, der Minderheitskonfession, jetzt der Frauen), sondern: "Befreiung" aus den Fesseln des Rechts und damit freie Verfügung über das Leben anderer, die durch das Recht geschützt werden. Die Quintessenz des Emanzipationsgedankens in diesem Zusammenhang lautet: freie Abtötung der Leibesfrucht ohne Anerkennung ihres Lebensrechts, folglich ohne Rechtfertigungsbedürftigkeit und Abwägung von Zumutbarkeiten. Es handelt sich keineswegs nur um eine dezidiert antichristliche Motivation ("Hätt' Maria abgetrieben, wär' uns viel erspart geblieben"), sondern um den speziellen Fall einer generell und prinzipiell angelegten Befreiungsbewegung, die das Denken in Rechtskategorien politischen und privaten Zweckmäßigkeitserwägungen unterordnet.[1]

---

[1] Zu den philosophischen Hintergründen und Zusammenhängen dieser Strömung hat sich der Verfasser ausführlich geäußert in: Befreiung und politische Aufklärung, Plädoyer für die Würde des Menschen, 2.Aufl. 1986; ferner in: Nicaragua - das blutende Herz Amerikas, 4. Aufl. 1986. Hier wurde an einem konkreten Beispiel dargelegt, wie die Befreiungstheologie, insofern sie die Emanzipation aus dem Gedanken des Rechts impliziert, in die Rechtfertigung von Mord und Folter, ja der Ausrottung ganzer Indianerstämme geführt hat.

III. Lebensschutz durch Selbstbestimmung?

Charakteristisch für sie ist, daß der Hinweis auf die daraus resultierenden Schrecklichkeiten, wenn diese nicht mehr geleugnet oder verdrängt werden können, mit der verständnislosen Frage abgetan wird: "Was ist denn dabei?" Das bedeutet, daß die normalerweise überzeugenden Einwände einfach "nicht greifen". Daraus erklärt sich die Unüberbrückbarkeit und Emotionalität der Gegensätze.

Dieses Emanzipationsdenken spielt zahlenmäßig an sich eine unterrgeordnete Rolle. Im Blick auf die Abtreibung zeigt es sich darin, daß man sie als "ganz normalen Vorgang" ansieht "wie andere medizinische Eingriffe auch": Was ist denn dabei? Das waren nach Umfragen Anfang der achtziger Jahre noch 21 %, 1987/88 nur noch 15 %.[2] Die verhältnismäßig kleine Gruppe zeichnet sich aber durch Beherrschung der Agitationstechniken aus und hat überproportionalen Einfluß sowohl in den Medien wie auch in einigen politischen Parteien. Sie hat dadurch maßgeblichen Einfluß auf die Gesetzesgestaltung erlangen können. Jedenfalls schlägt sich ihre Denkweise in den Darlegungen nieder, die namens und im Auftrag der SPD-geführten Länder dem Bundesverfassungsgericht zur Verteidigung des Gesetzes von den Professoren *Schlink* und *Bernsmann* im September 1992 vorgelegt worden sind (im folgenden: *Schlink/Bernsmann*). Obwohl die SPD eine zuverlässig verfassungsloyale Partei ist und sich schon in der Weimarer Republik als solche bewährt hat, war sie stets von dieser Emanzipationsströmung durchwoben, die sich von Zeit zu Zeit durchzusetzen vermochte.

Diese Emanzipationsströmung kann sich aus verfassungsrechtlichen Gründen nicht offen zu ihren eigentlichen Zielen bekennen. Sie muß sich hinter der "Lebensschutzströmung" verstecken, in ihre Argumentationsmuster hineinschlüpfen und sich in ihnen verbergen. Das geschieht durch den Versuch, den besseren Lebensschutz gerade durch Anerkennung des freien Selbstbestimmungsrechts der Frau zu begründen. Dieser Versuch kann indes nicht gelingen. Er führt zu Darlegungen, die mit dem Gesetzeswortlaut nicht vereinbar sind, die widersprüchlich, in sich unschlüssig und sachlich unhaltbar sind.

§ 20 Der neue Gewissensbegriff

Die Darlegungen der SPD-geführten Länder gipfeln in einem neuartigen Gewissensbegriff:

"Gewissen ist ja nicht eine auf den Bereich des Moralischen oder Sittlichen beschränkte Instanz, sondern die Instanz, die über die kohärente Selbstdarstellung und

---

[2] *Renate Köcher* a.a.O., S. 32. Hierzu auch *Schlink/Bernsmann*, S. 36.

Lebensführung wacht und die sich darin herstellende und behauptende Integrität und Identität der Persönlichkeit schützt" (*Schlink/Bernsmann* S. 78).

An Kohärenz der Selbstdarstellung und Lebensführung ließen es auch die Leninisten und andere "Befreiungs-" und "Emanzipationsbewegungen" nicht fehlen, nicht einmal die Nazis. Legt man diesen Gewissenbegriff zugrunde, so haben sie gewissenhaft gehandelt.

Hier geht es um folgendes: Unerwartete Schwangerschaft ist nicht kohärent mit der Selbstdarstellung und Lebensführung einer emanzipierten Frau. Sie muß z.B. ihr Studium unterbrechen, Reisepläne aufgeben, die Berufsaufnahme verzögern, den Erzeuger heiraten oder dergleichen, kurz: die Rolle der Mutter annehmen. *Schlink/Bernsmann*:

"Die Entscheidung über Annahme oder Abbruch der Schwangerschaft schließt tiefgreifende und weitreichende Entscheidungen über Rollenfestlegungen, über das Verschließen oder Öffnen von Selbstdarstellungs- und Lebensführungsperspektiven ein" (S. 78).

In dem neuartigen "Gewissen" werden folglich verschiedene Interessen der Frau gegeneinander abgewogen. Das Lebensrecht des Kindes kommt darin nicht vor, nicht einmal "auch" und nebenbei. In der Beratung sei strikt zu vermeiden,

"der Frau die Interessen ihrer Leibesfrucht vor Augen zu führen" (S. 59).

Solange auf das Lebensrecht des Ungeborenen noch Rücksicht zu nehmen war, gab es in diesem Sinne noch gar keine Gewissensentscheidungen. *Schlink/Bernsmann* deuten an, daß heute viele Frauen stärker berufs- und weniger familienorientiert sind. Deshalb, so folgern sie,

"stellt die Entscheidung über Annahme oder Abbruch der Schwangerschaft die Frau heute vor Gewissenskonflikte und verlangt von ihr eine Gewissensentscheidung, die früher nicht anstand" (S.79).

Auf diesen Gewissenbegriff beziehen sich die Vertreter der SPD-geführten Länder durchgängig, z.B. wenn sie sagen: der Gesetzgeber vertraue

"den Schutz des werdenden Lebens der Frau und ihrer verantwortlichen Gewissensentscheidung an" (S.53).

III. Lebensschutz durch Selbstbestimmung? 57

Sie gehen noch einen Schritt weiter und berufen sich auf das Grundrecht der Gewissenfreiheit in Art. 4 I GG. Ist die Entscheidung für die Abtreibung eine Gewissensentscheidung in diesem neuartigen Sinn, so verlangt das Grundrecht auch in diesem Fall, anzuerkennen, daß

"der Gebrauch der Gewissensfreiheit... von der Rechtsordnung nicht beschränkt, sondern geachtet wird" (S.76).

Und nicht nur das: Trägt die Entscheidung für die Abtreibung der Kohärenz der Selbstdarstellung und Lebensführung Rechnung, ist sie also eine Gewissensentscheidung, so ist sie ohne weiteres "rechtmäßig" (ebenda). Die Beratung

"soll erreichen, daß die Schwangere die Abbruchsentscheidung als Gewissensentscheidung, als gerechtfertigte Entscheidung trifft" (S.76).

Die Beratung hat folglich die Aufgabe, die zögernde Schwangere zu einer "Gewissensentscheidung" zu befähigen, einer Entscheidung,

"die durch nichts anderes als das Gewissen der Frau bestimmt wird" (S. 65).

Das heißt in diesem Zusammenhang, sie ist so zu steuern, daß sie die Kohärenz ihrer Selbstdarstellung und Lebensführung nicht wegen des zu erwartenden Kindes aufs Spiel setzt:

"Der Gesetzgeber setzt daher die Gewissensentscheidung als die Regel und den Fall, in dem die Gewissensdimension verstellt und verkannt ist, als die Ausnahme an, der die Beratung steuern soll" (S.79).

Rechtfertigungsbedürftig in diesem Sinn ist also keineswegs nur die Abtreibung, sondern auch die Austragung des Kindes. Entscheidet sich die Frau für die Fortsetzung der Schwangerschaft, so kommt es darauf an, daß sie das tut

"in der personalen Tiefe, in der das Gewissen spricht".

Will sie aus Unaufgeklärtheit und Oberflächlichkeit das Kind austragen, so ist diese Entscheidung,

"da nicht Gewissensentscheidung, auch nicht gerechtfertigt" (S.76).

Eine emanzipierte Frau, die in die Mutterrolle wechselt, handelt demnach geradezu gewissenlos, da sie die Kohärenz ihrer Selbstdarstellung und Lebensführung durchbricht.

Das alles ist so unglaublich, daß man zunächst vermutet, es sei nicht so gemeint wie gesagt. Denn wenn es so gemeint ist, dann stehen die Ausführungen über den angeblich besseren Lebensschutz durch das neue Gesetz dazu im Widerspruch. Sie müßten dann als taktische Vorwände erscheinen und wären unglaubwürdig. Der Kontext gibt allerdings Anlaß zu der Befürchtung, es sei tatsächlich so gemeint - wenn nicht von den Verfassern, so doch von maßgeblichen Auftraggebern, in deren Namen sie dies vortragen.

§ 21 Abtreibung als Unterlassungsdelikt

Das Lebensrecht des Embryo kann naturgemäß nicht in die Abwägungen des Gewissens eingehen, wenn die Abtreibung gar kein Tötungsdelikt ist. *Schlink/Bernsmann* zufolge ist sie ein Unterlassungsdelikt (S.70 ff): Die Frau "unterläßt" die Austragung der Schwangerschaft. Dieses Unterlassen kann rechtlich erst relevant sein nach

"Übernahme der vollen Garantenpflicht. Der Abbruch vor Einsetzen dieser Pflicht kann dann nicht pflicht- und also im strafrechtsdogmatischen Sinn auch nicht rechtswidrig sein" (S.70). "Die Austragungspflicht ist vom Gesetzgeber an eine Frist zur Annahme, strafrechtlich gewendet: zur Übernahme geknüpft" (S. 74).

Wenn also die Schwangere 12 Wochen verstreichen läßt, so liegt darin implizit einer "Übernahme der Garantenpflicht". Erst von da ab wird das Unterlassen der Austragung der Schwangerchaft strafrechtlich relevant. Was innerhalb dieser Frist mit Strafe bedroht wird, ist ausschließlich das Unterlassen der Beratung (u. § 22).

Der abtreibende Arzt handelt zwar nicht durch Unterlassen, sondern durch aktives Tun. Doch ordnet er sich

"dem Verlangen der Frau unter ... Dies macht ihn zum bloßen Gehilfen einer nicht rechtswidrigen Tat und damit zum Teilhaber an der Nicht-Rechtswidrigkeit dieser Tat" (S. 75).

Diese neuartige dogmatische Einordnung der Abtreibung steht in Widerspruch zum Wortlaut und systematischen Zusammenhang des angefochtenen Gesetzes. Dieses stellt in § 218 StGB zunächst den "Schwangerschaftsabbruch" unter Strafe und nicht das Unterlassen der Schwangerschaftsaustragung, was mit einfachen Worten hätte geschehen können. Auch macht der Rechtfertigungsgrund der Zwölfwochenfrist in § 218a keinen Sinn bei einem Unterlassungsdelikt, das überhaupt erst nach Ablauf dieser Frist tatbestandsmäßig wird.

Ferner sieht das Gesetz einen höheren Strafrahmen für den Arzt als für die Schwangere vor, was bei einem Unterlassungsdelikt, in dem der Arzt nur die Rolle eines Gehilfen spielt, ganz unverständlich und auch unzulässig wäre. Denn gemäß § 27 II StGB richtet sich die Strafe für den Gehilfen nach der Strafdrohung für den Täter und ist nach § 49 StGB zu mildern.

Offenbar haben die SPD-geführten Länder im Bundesrat einem ganz anderen Gesetz zugestimmt, als dem, das der Bundestag beschlossen hat. Wenn *Schlink/Bernsmann* dies offiziell in ihrem Auftrag und Namen vortragen, so stellen diese Länder damit ihre Zustimmung in Frage und drücken so etwas wie eine "Anfechtung" ihrer Zustimmungserklärung aus. Wenn es das im Staatsrecht gäbe und wenn es analog § 142 BGB zur Nichtigkeit der Willenserklärung führte, so wäre das Gesetz schon mangels Zustimmung des Bundesrats nicht zustandegekommen.

Geben die Länder aber die Intentionen richtig wieder, die die Gesetzesverfasser im Bundestag mit ihrem Entwurf verbunden haben, so ist der Bundestag von diesen irregeführt worden. Er hat dann in seiner Mehrheit gar nicht gewußt, daß mit der Einfügung der Formel "nicht rechtswidrig" in § 218a gemeint war: Innerhalb der Zwölfwochenfrist fehle es - mangels Übernahme der Garantenpflicht durch die Frau - am Tatbestand der unterlassenen Schwangerschaftsaustragung. Dem Wortlaut des Gesetzes war das nicht zu entnehmen, und in den Beratungen des Bundestages ist es von niemandem zum Ausdruck gebracht worden. Da diese Formel erst unmittelbar vor der Beratung in das Gesetz eingefügt wurde, haben viele Abgeordnete ihre vorab getroffene Entscheidung nicht nur ohne Kenntnis dieser Formel getroffen, sondern vor allem auch ohne zu wissen, daß damit der Schwangerschaftsabbruch zum Unterlassungsdelikt umgedeutet werden sollte. Sie werden es deshalb gewiß begrüßen, wenn das Bundesverfassungsgericht ihnen durch Nichtigerklärung des Gesetzes Anlaß gibt, die Materie von Grund auf neu zu bedenken und zu entscheiden.

§ 22 Umgehung der Beratung als Straftat

Obwohl also nach *Schlink/Bernsmann* der Lebensschutz erst nach 12 Wochen einsetzen soll, betonen sie doch, es gehe um diesen Lebensschutz auch innerhalb der Frist, nämlich durch die Beratung. Zwar muß die Schwangere in der Beratung darauf hingewiesen werden, daß die Abtreibung nun nicht mehr rechtswidrig sein wird. Gleichwohl soll von der Beratung eine lebensschützende Wirkung ausgehen. Deshalb werde die Umgehung der Beratung mit Strafe bedroht. Der Sinn der §§ 218, 218a I sei nicht, die Abtreibung als solche als rechtswidrig erscheinen zu lassen, sondern nur die Umgehung der Beratung:

"Das Unrecht liegt nach der unmißverständlichen Wertung des Gesetzgebers in der Umgehung der Beratung" (S.54).

Die Vorschriften der §§ 218, 218a StGB

"gebieten der Schwangeren bei Strafe den Gang zur Beratung". Die Beratung bilde das "Kernstück der Regelung" (S.53).

So gelesen, ist der systematische Aufbau des Gesetzes - Strafdrohung in § 218, Rechtfertigung in § 218 a I - nicht nur unüblich, sondern gesetzestechnisch und rechtsdogmatisch völlig verfehlt, ja in so hohem Grade mißverständlich, daß die Verfassungsmäßigkeit des Gesetzes schon an der hinreichenden Bestimmtheit scheitern müßte.

Ferner verletzt das Gesetz bei diesem Gesetzesverständnis in noch höherem Grade, als es das ohnehin tut, das in der Menschenwürde verankerte Schuldprinzip des Strafrechts, das gebietet, nur strafwürdiges Unrecht für strafbar zu erklären (u. § 36). Denn das Unterlassen der Beratung kann von seinem Unrechtsgehalt her allenfalls als Ordnungswidrigkeit eingestuft werden.

Schließlich ist auch der Strafrahmen unvereinbar mit dem Verhältnismäßigkeitsprinzip: eine Strafdrohung bis zu einem Jahr Gefängnis für die Frau und bis zu drei Jahren für den Gehilfen, den Arzt, bloß weil die Frau die Beratung umgangen hat, wäre völlig unangemessen.

Demgegenüber verweisen *Schlink/Bernsmann* mit Nachdruck und anscheinend mit einem gewissen Stolz auf den hohen Strafrahmen, in dem sich die Bedeutung der Beratung für den Lebensschutz zeige: Mit dieser

III. Lebensschutz durch Selbstbestimmung? 61

"deutlichen Verschärfung des Strafrechts hat der Gesetzgeber mit aller Deutlichkeit herausgestellt, wie ernst er die Beratung und die beratene Entscheidung der Frau nimmt" (S.54 u.).

§ 23 Der Wegfall der rechtlichen Mißbilligung

Bei dieser Auslegung erscheint die Annahme, § 218 StGB des angefochtenen Gesetzes bringe eine rechtliche Mißbilligung der Abtreibung zum Ausdruck, als ein Mißverständnis: das Gesetz will nicht die Abtreibung als solche, sondern die Umgehung der Beratung mißbilligen. Die rechtliche Mißbilligung der Abtreibung soll aber nicht nur im Strafrecht entfallen, sondern auch in jeder anderen Form, auch im Sozialversicherungsrecht: die Beratung wäre nicht

"als eine Entscheidungshilfe darstellbar, auf die sich die Schwangere mit ihrem Gewissenkonflikt und ihrer Not einlassen kann, wenn der Gesetzgeber sie unter die Drohung eines sozialrechtlichen Unwerturteils und konkreter materieller Nachteile stellt. Offenheit der Beratung und sozialrechtlicher Druck auf das Beratungsergebnis, Anerkennung des Gewissens und sozialrechtliche Aburteilung der Gewissensentscheidung schließen sich aus" (S.99 f).

Und:
"die Konfliktberatung selbst hat ihre Basis in dem Respekt vor der verantwortungsbewußten Gewissensentscheidung der Frau. Der Staat kann diese Gewissensentscheidung nicht sozialrechtlich mißbilligen, ohne seinem Beratungskonzept den Boden zu entziehen" (S.101).

In offenem Widerspruch dazu versichern *Schlink/Bernsmann* dort, wo es in ihren Argumentationszusammenhang paßt, erstens, daß sie die Bedeutung der rechtlichen Mißbilligung der Abtreibung durchaus einsehen, zweitens, daß diese im Gesetz auch zum Ausdruck komme: Ein Wirksamkeitsfaktor für den Lebensschutz

"ist die Bedeutung der strafrechtlichen wie überhaupt einer rechtlichen Mißbilligung für die Wertvorstellungen und Verhaltensweisen der Bevölkerung. Das Bundesverfassungsgericht mahnt, diese Bedeutung nicht zu unterschätzen. Die gesetzgeberische Einschätzung hat dies zu bedenken und hat es auch bedacht. Der Gesetzgeber der angefochtenen Regelung hat die rechtliche Mißbilligung des Schwangerschaftsabbruchs in § 218 StGB grundsätzlich aufrecht erhalten" (S.41).

Sie wenden sich damit gegen den

"Vorwurf, die angegriffene Regelung lasse die gebotene rechtliche oder sogar strafrechtliche Mißbilligung vermissen" (S.41).

Gleichzeitig aber bezweifeln sie die Wirkung der rechtlichen Mißbilligung auf das Rechtsbewußtsein und schieben die materielle Beweislast dafür den Kritikern des Gesetzes zu: der Vorwurf fehlender rechtlicher Mißbilligung sei

"solange schon im Ansatz verfehlt, als er nicht dartut, was die vermißte rechtliche Mißbilligung einigermaßen verläßlich über die vom Gesetzgeber gewählte rechtliche Regelung hinaus zu leisten vermag" (S.42) -

als ob es nicht selbstverständlich wäre, daß das gesetzliche Unwerturteil das Rechtsbewußtsein prägt und daß seine Aufhebung den Trend zur bedenkenlosen Abtreibung verstärken muß. Die rechtliche Mißbilligung, meinen *Schlink/Bernsmann*, könne deshalb entfallen, weil sie den Schutz des Lebens nicht in jedem einzelnen Fall mit "Gewißheit" gewährleiste (S. 33 ff) - als ob irgendeine Strafrechtsnorm das zu leisten vermöchte.

Die Annahme, daß sich die Schwangere unter Berufung auf dieses Unwerturteil des Gesetzgebers Pressionsversuchen widersetzen kann, weisen sie zurück und stellen es so dar, als gehe es nur um den Hinweis auf die Strafbarkeit des Arztes, die

"den drängenden Ehemann oder Freund kaum beeindrucken werde" (S. 24).

Die "rechtliche Mißbilligung" sei also wirkungslos und eigentlich überflüssig. Aber immerhin:

"Mißbilligt wird ein solcher Abbruch aber auch unter der Geltung der Fristenregelung" (S.24).

So springt die Gedankenführung je nach der abzuwehrenden Kritik am Gesetz hin und her, ohne daß eine in sich stimmige Konzeption erkennbar wäre.

Schließlich verwickeln sich die zwei entgegengesetzten Gedankenfäden in einem unentwirrbaren Knäuel:

"Rechtliche Mißbilligung setzt ... mit der rechtlichen Anerkennung und Bestätigung an und stellt sich hierüber auch im Bewußtsein her" (S.39).

III. Lebensschutz durch Selbstbestimmung? 63

Und:

"Rechtliche Mißbilligung lebt von rechtlicher Billigung und diese von Anerkennung und Bestätigung, und entsprechend stellt sich die rechtliche Mißbilligung auch im Bewußtsein der Bürgerinnen und Bürger her" (S.42) -

was immer das heißen mag. Im Klartext ist wohl gemeint: das Gesetz nehme die rechtliche Mißbilligung der Abtreibung zurück, und gerade daraus zögen die Bürger den Schluß, die Abtreibung sei rechtlich zu mißbilligen. Mit der ersten Hälfte dieses sonderbaren Gedankens werden die Verfechter des freien Selbstbestimmungsrechts zufriedengestellt, mit der zweiten die Verfechter des besseren Lebensschutzes und das Bundesverfassungsgericht.

§ 24 "Tendenzberatung"

Diese eigentümliche Doppelargumentation setzt sich fort in den Darlegungen zur Beratung. In ihr sehe der Gesetzgeber

"den Ansatz, über den das Strafrecht dem vom Schwangerschaftsabbruch bedrohten werdenden Leben überhaupt noch Schutz bieten kann" (S.54 f).

§ 219 diene dem

"Ziel, auf eine Fortsetzung der Schwangerschaft hinzuwirken"

und entspreche damit der Forderung des Bundesverfassungsgerichts (S. 61).

Dieses Ziel könne die Beratung jedoch nur erreichen, wenn sie unter keinen Umständen

"der Frau die Interessen der Leibesfrucht vor Augen zu führen" suche (S.59).

Denn dies mache ihre Not "nicht erträglicher", sondern verstärke ihre "subjektive Bedrängnis" (ebenda). Es treibe sie in Trotz und in eine psychologische Blockade, so daß sie erst recht zur Abtreibung gedrängt werde. Es erweise sich damit als psychologisch inkompetent und "kontraproduktiv" (S.65 u.).

Die Ausführungen zur Beratung (S.55 ff, S. 58 ff) und zum Gewissen (S.75 ff) konfrontieren, ohne dies ausdrücklich zu sagen, die Beratungspraxis von "Pro familia" mit der Praxis der christlichen, insbesondere der katholischen Beratungsstellen. Die erstere wird als psychologisch kompetent gelobt, weil sie keine "Tendenzberatung" sei. Dadurch öffne sich die Frau dem Gespräch, und es komme von alleine dahin, die

> "natürliche und unter Umständen auch moralisch fundierte Tendenz zur Austragung zu verstärken" (s.65 u.).

Diese Art der Beratung alleine sei "mitfühlend" (S.58), "sensibel" (S.59) und "empathisch" (S.61). Sie sei diejenige, die dem Lebensschutz erfolgreich diene.

Die andere wirke "kontraproduktiv" und treibe die Frauen geradezu in die Entscheidung für die Abtreibung hinein. Als "Tendenzberatung" sei sie psychologisch inkompetent. Ihr werden folgende Attribute zugeordnet: "Parteilichkeit", "bevormundende Belehrung" (S.58), "Beeinflussung", "Kommunikationsverzerrung", "Manipulation" (S.60) "Unduldsamkeit" (S.61) und dergleichen mehr. Vor allem fehle es ihr an Respekt vor "der grundsätzlichen Zurechnungs- und Verantwortungsfähigkeit" der Schwangeren (S.60).

Der Jurist kann keine zweifelnden Fragen wagen, ohne sich auch seinerseits als psychologisch inkompetent zu erweisen und einer kontraproduktiven, dem Lebensschutz abträglichen Beratungspraxis das Wort zu reden. Es scheint völlig klar: die schwangeren Frauen, die eine katholische Beratungsstelle verlassen, werden sich im Verhältnis 100 : 0 für die Abtreibung entscheiden, während bei Beratungseinrichtungen, die auf "Tendenzberatung" verzichten und gerade dadurch dem Lebensschutz dienen, das Verhältnis etwa bei 50 : 50 liegen wird. Die in den öffentlichen Kontroversen immer wiederkehrende Behauptung, daß es sich genau umgekehrt verhalte, müssen auf Unkenntnis der Tatsachen beruhen.

Unter diesen Prämissen ist unverständlich, warum der Gesetzgeber nicht um des Lebensschutzes willen die Tendenzberatung ausdrücklich untersagt. Daß statt dessen "Beratungsstellen unterschiedlicher weltanschaulicher Ausrichtung" zur Auswahl stehen sollen - Art. 1 § 3 I des Schwangeren- und Familienhilfegesetzes (o. § 14) -, öffnet der kontraproduktiven Tendenzberatung Tür und Tor, verhindert den Lebensschutz und müßte deshalb als verfassungswidrig gelten.

Das Problem der kontraproduktiven Tendenzberatung erledigt sich aber vielleicht von selbst, nachdem die katholische Kirche angedeutet hat, daß sie bei Inkrafttreten des strittigen Gesetzes in dem Beratungssystem nur noch eine Farce erblickt und daß sie es ihren Mitarbeitern nicht mehr zumuten will, Beratungsbescheinigungen auszustellen, die die Wirkung haben, jede Abtreibung aus jedem beliebigen Grund zu rechtfertigen. Ihre Ankündigung, zwar weiterhin zu beraten, sich an diesem System aber nicht mehr zu beteiligen, gilt für den Fall, daß das Bundesverfassungsgericht die Verfassungsmäßigkeit des angefochtenen Gesetzes bestätigen sollte. Folgt man *Schlink/Bernsmann*, so kann die Wirkung auf den Lebensschutz nur äußerst positiv sein, weil dann nur noch Beratungseinrichtungen übrigbleiben, die statt kontraproduktiver Tendenzberatung eine professionelle, psychologisch kompetente Beratung anbieten.

IV. Zurück zur Wirklichkeit

§ 25 "Pro familia"

Ein psychologisches Wissen, das der mit Staatslehre und Verfassungsgeschichte befaßte Jurist aus eigener fachlicher Sachkunde besitzt, besagt: Menschen haben oft eine fast unbegrenzte Fähigkeit, interessegesteuerte Ideologien zu bilden, sich und andere damit irrezuführen und die phantastischsten Behauptungen schließlich selbst zu glauben. Es gilt deshalb, von den Abstraktionshöhen niederzusteigen und die realen Gegebenheiten ins Auge zu fassen.

Was *Schlink/Bernsmann* vortragen, ist die Ideologie von "Pro familia", die schon das 1987 geplante Beratungsgesetz zu Fall gebracht hat. In den Koalitionsvereinbarungen war ein Beratungsgesetz vorgesehen, das u.a. regeln sollte:

"Beratungsstellen erhalten dann eine staatliche Anerkennung und Förderung, wenn sie ... zugunsten des Lebens beraten."

Dazu hieß es in der Stellungnahme der Bundesgeschäftsstelle von "Pro familia" vom 18. September 1987:

"Beratung nach fachlich und ethisch anerkannten Grundsätzen heißt: Hilfe zu eigenverantwortlicher Entscheidung. Dazu gehört auch Information über alternative Problemlösungen und über die Mittel zu ihrer Verwirklichung unter Berücksichtigung der individuellen Lebensumstände. Entscheidend aber ist, in der Beratung eine vertrauensvolle Gesprächsatmosphäre zu schaffen und zu erhalten. Nur so kann ein geschützter Raum entstehen, in dem die Frauen offener und bewußter als im Alltag über ihre eigenen Lösungsvorstellungen sprechen, sie weiterentwickeln und auf ihre Tragfähigkeit hin prüfen können.

Für die Beratung essentiell ist daher: Frauen dürfen keinen Anlaß zu der Befürchtung haben, sie sollten in eine bestimmte Richtung gelenkt werden - ein offenes Gespräch würde sonst unmöglich. Genau dies würde aber bewirkt, wenn mit 'Beratung zugunsten des Lebens' eine Belehrung und Beeinflussung gemeint ist, die zum Austragen der Schwangerschaft hinführen soll."

IV. Zurück zur Wirklichkeit

Die Koalition hat sich von diesen Argumenten beeindrucken lassen, obwohl Pro familia in derselben Stellungnahme bereits andeutete, daß sie den Verzicht auf "Tendenzberatung" keineswegs aus Gründen psychologischer Professionalität anstrebe. Es ging nicht darum, dem Lebensschutz auf geeigneterem - indirektem - Wege zu dienen, sondern darum, ihn zu verhindern. Pro familia brachte ziemlich unverblümt zum Ausdruck, sie würde das gesetzliche Ziel des Lebensschutzes "so verstehen", daß es zum Gegenteil ermächtige:

"Wir könnten einen gesetzlichen Auftrag, 'zugunsten des Lebens' zu beraten, deswegen nur so verstehen: Ziel jeder Beratung ist es, Lebenshilfe zu sein. Sie will in persönlichen und sozialen Krisen Beistand bieten auf dem Weg zu einer Entscheidung, die individuell verantwortbar und tragfähig ist. Beratung bezieht sich also in erster Linie auf die Lebensgestaltung der einzelnen Frau. Deshalb kann es nicht vorrangiges Ziel der Beratung sein, daß eine ungewollte Schwangerschaft angenommen wird, so wünschenswert dies auch manchen erscheinen mag."

Ein Landesverband sprach Klartext:

"Die Teilnahme an Zwangsberatungen nach § 218 StGB stellt für viele Berater ... eine schwerwiegende Verletzung ihres professionellen wie auch politischen Selbstverständnisses dar." Und: "Soweit die Teilnahme unumgänglich ist, wird sie von vielen Beratern in dem Bewußtsein praktiziert, damit Frauen in einer gesellschaftlich produzierten Zwangssituation zu einem möglichst humanen Schwangerschaftsabbruch zu verhelfen" (Pro familia, Bremen, Gutachten vom 19.1.1984 zur Bundesstiftung Mutter und Kind).

Die Neufassung des § 219 I Satz 1 StGB mit ihren zwei ambivalenten Zielen "Lebenschutz" und "Eigenverantwortung" ermöglicht Beratern, die den Lebensschutz nicht ernstlich wollen, ja die die Frauen im Gegenteil zur Abtreibung drängen, unter Berufung auf die "Eigenverantwortung" das Ziel des Lebensschutzes auf die vorgeführte Weise ins Gegenteil umzudeuten und Gesetzeskonformität vorzuspiegeln.

Pro familia ist nach der Zahl der Beratungsstellen, der Mitarbeiter und der Beratungen, aber auch vom politischen Einfluß her die bei weitem bedeutendste Beratungseinrichtung. Nach ihrem Jahresbericht 1989 hatte sie 6.195 Mitarbeiter und unterhielt 109 Beratungsstellen und 7 "Familienplanungszentren". Weitere sind inzwischen hinzugetreten. Der Anteil an den Abtreibungsberatungen umfaßt einen sehr hohen Prozentsatz, (Schätzungen sprechen von mehr als 75 %). Nach dem Rückzug der katholischen Beratungsstellen aus dem staatlich anerkannten Beratungssystem wird er erheblich steigen.

Wenn die Beratung bei Androhung hoher Strafe nicht umgangen werden darf, wenn sie die Rechtfertigung der Abtreibung sicherstellt, und wenn hierin die lebensschützende Wirkung der Neuregelung bestehen soll, so muß man sich Ideologie und Praxis von Pro familia vor Augen führen: sie sind für die verfassungsrechtliche Beurteilung der Neuregelungen von ausschlaggebender Relevanz.

Die folgende Analyse orientiert sich an der Selbstdarstellung von Pro familia "im Großen und Ganzen", insbesondere des Bundesverbandes, an seiner Gesamtpolitik und -praxis und an seinem Verbandsorgan. Sie stellt nicht in Frage, daß einzelne Landesverbände, Beratungsstellen oder Mitarbeiter von der Gesamtlinie abweichen können. Nach Angaben des bayerischen Arbeitsministeriums ist mit dem bayerischen Landesverband eine "leidlich gute" Zusammenarbeit möglich. Dieser fällt allerdings aus dem Rahmen der Gesamttendenz.

1. Zunächst zur Ideologie: Sie erschließt sich aus einem umfangreichen Schrifttum, unter anderem aus dem zweimonatlich erscheinenden "pro familia magazin" sowie aus zahlreichen politischen Stellungnahmen. Hieraus ergibt sich zunächst folgendes.

Pro familia konstruiert ein "Menschenrecht" auf legale Abtreibung in freier Selbstbestimmung der Frau, und zwar in dreifacher Weise. Sie beruft sich erstens auf ein "1968 von den Vereinten Nationen deklariertes Menschenrecht auf Familienplanung"[1]. Sie deklariert, Schwangerschaftsabbruch sei ein Instrument der Familienplanung:

"Da es bisher kein Patentrezept für Schwangerschaftsverhütung gibt, muß das Menschenrecht auf Familienplanung auch das Recht ungewollt schwangerer Frauen einschließen, zu entscheiden, ob sie ihre Schwangerschaft fortsetzen will oder nicht" (a.a.O.).

Ein solches Recht ist jedoch in dem Recht auf Familienplanung keineswegs impliziert. Vielmehr gilt unverändert die einstimmig beschlossene Resolution der Generalversammlung der Vereinten Nationen vom 20. November 1959 - 1386 XIV. Danach bedarf das Kind

---

[1] Pro familia Standpunkt: Schwangerschaftsabbruch, hg. vom Bundesverband der Pro familia, Frankfurt 1991. Gemeint ist die Proklamation der Internationalen Konferenz über Menschenrechte vom 13.Mai 1968 in Teheran, die sich in erster Linie gegen die Apartheid richtet. Dort heißt es in Art. 16: "Der Schutz der Familie und des Kindes bleibt die Sorge der internationalen Gemeinschaft. Eltern haben ein grundlegendes Menschenrecht, frei und verantwortlich die Zahl und den zeitlichen Abstand ihrer Kinder zu bestimmen." (Yearbook on Human Rights for 1968 S. 458. Übersetzung des Verfassers). Die Proklamation wurde durch Resolution 2248-XXIII der Generalversammlung der UNO vom 19.Dez.1968 bestätigt.

"besonderer Schutzmaßnahmen und besonderer Fürsorge einschließlich eines angemessenen rechtlichen Schutzes, und zwar sowohl vor als auch nach der Geburt".

Ferner hat das Kind

"einen Anspruch darauf, gesund aufzuwachsen und sich zu entwickeln; zu diesem Zweck erhalten sowohl das Kind als auch seine Mutter besondere Fürsorge und besonderen Schutz einschließlich einer angemessenen Betreuung vor und nach der Geburt" (Vereinte Nationen 3/79 S. 79 f).

Pro familia hingegen hält alle dem Lebensschutz des Ungeborenen dienenden Rechtsregeln zweitens für menschenrechtswidrig, weil sie zugleich den Gleichheitssatz verletzten:

Sie "diskriminieren Frauen grundsätzlich. Durch solche Gesetze wird staatlicher Zwang ausgeübt, dessen stärksten Auswirkungen ausschließlich Frauen unterworfen sind" (a.a.O. - FN 1).

Sie seien es drittens auch deshalb, weil unerwünschten Kindern geradezu ein Menschenrecht darauf zustehe, abgetrieben zu werden. Die Satzung von Pro familia Bremen vom 25.4.1980 statuiert den

"Grundsatz, daß jedes Kind ein unveräußerliches Recht hat, erwünscht zu sein" (§ 2 I Satz 1).

Der Leiter und Verfasser der Satzung erläutert:

"Das Recht der Kinder, erwünscht zu sein, ist solange nicht verbürgt, wie Frauen und Männer die Familienplanung nicht mit Hilfe der Abtreibung gestalten können" (*Gerhard Amendt*, Die bestrafte Abtreibung, S.37 f).

Demgemäß wird die Agitation gegen den Lebensschutz mit dem Pathos des menschenrechtlichen Befreiungskampfes geführt.

2. Dieser Kampf richtet sich nicht nur gegen einschränkende Verbote, sondern auch gegen soziale Hilfen für werdende und junge Mütter. Pro familia weigert sich z.B. vielfach, in ihren Beratungen über die 1985 eingerichtete Stiftung "Mutter und Kind" von sich aus zu informieren oder gar die angebotenen Hilfen zu vermitteln. Eine Reihe von Beispielfällen ist dokumentiert im Informationsdienst der Evangelischen Allianz idea Nr. 11/90, ebenso ein Prozeß, mit dem Pro familia gegen eine dahingehende Tatsachenbehauptung vorzugehen versuchte. Ihre Klage wurde abgewiesen, weil die Tatsachenbehaup-

tung nicht unwahr war. Sie polemisierte gegen diese Stiftung schon im Vorbereitungsstadium. Im Bericht über die Mitgliederversammlung des Bundesverbandes 1984 heißt es:

"An die Landesverbände wurde appelliert, ihre Beratungsstellen sollten sich nicht an der Vergabe der Stiftungsgelder beteiligen" (*Joachim von Baross* in: Pro familia magazin 4/84, Pro familia Informationen S.25).

Ebenso wurde gegen die Erleichterung des Adoptionsrechts heftig polemisiert. Als die Bundesregierung Ende 1990 einen Hilfsfond für schwangere Frauen in Notlagen auf dem Gebiet der ehemaligen DDR errichtete, meldete dpa:

"Die Bundesregierung hat laut Pro familia 'klammheimlich' einen 'Hilfsfond für schwangere Frauen in Not' in der früheren DDR eingerichtet. Der Ableger der 1985 geschaffenen Stiftung 'Mutter und Kind - Schutz des ungeborenen Lebens' sei ein weiterer Versuch, die in den neuen Ländern noch geltende Fristenlösung auszuhöhlen" (Kölner Stadtanzeiger 1.12.1990).

3. Pro familia wendet sich nicht nur gegen Rechtsregeln und soziale Hilfen, sondern auch gegen jede Art sittlicher und moralischer Bedenken gegen die Abtreibung. Als Mutter Theresa anläßlich der Überreichung des Friedensnobelpreises zur Ehrfurcht vor dem Leben ermahnte, hieß es im Pro familia magazin unter der Überschrift "Mutter Theresa - Frau meiner Alpträume":

"Welche Sternstunden, ihre geheiligten Köpfchen aufzufüllen mit den Vorschriften und Anweisungen der Herrschenden und zu sehen, wie brav sie gehorchen... Ihr Alpträume von Frauen, ihr Mütter, Nonnen, Tanten, was wollt ihr von uns, die wir das Glück unserer Kinder endlich selbst in die Hand nehmen. Merkt ihr nicht, daß ihr die Marionetten des Bösen seid?" (Pro familia magazin 5/86).

Mutter Theresa als Marionette des Bösen und Pro familia als Anwältin des Guten, die das Glück der Kinder gewährleistet, indem sie ihnen das Unglück, leben zu müssen, erspart - diese Perversion des Denkens läßt es ausgeschlossen erscheinen, daß Menschen dieser Art durch ein vernünftiges Gespräch oder irgendwie sonst beeindruckt werden könnten. Wo normale Menschen Wahrnehmungen machen, sensibel reagieren, ernste Probleme sehen, herrschen spezifische intellektuelle und moralische Defizite. Diese können allerdings bekanntlich mit hoher rhetorischer und strategischer Intelligenz einhergehen - im Rückblick auf unser Jahrhundert ist uns das aus vielen Beispielen vertraut.

IV. Zurück zur Wirklichkeit

4. Als Folge dieser intellektuellen und moralischen Defizite kommt es nicht selten vor, daß zögernde, unsichere, schwankende Frauen in der Beratungspraxis zur Abtreibung geradezu überredet werden (Beispiele in der idea-Dokumentation). Eine Beraterin, die sich aus dieser "frustrierenden, oft ineffektiven Arbeit" zurückzog, klagt:

"Eine ungeplante und eventuell ungewollte Schwangerschaft... wirft fast immer auch die Frage auf, ob es nicht doch eine Möglichkeit gäbe, das Kind zu bekommen. Individuelle Wünsche, Gefühle kommen hoch." Jedoch: "Ich erlebte nur Abbrüche, nichts Aufbauendes, Neuentstehendes." (Pro familia magazin 5/83 S. 8 ff).

Es gibt auch Beispiele für Versuche, Frauen zur Abtreibung zu überreden, obwohl sie entschieden sind, ihr Kind zu bekommen, und sich an Pro familia nur mit der Frage nach Rat und Hilfe wenden. So berichtet das Ehepaar *Rüdiger und Bettina Fuchs* in einem Leserbrief an die Frankfurter Allgemeine Zeitung vom 11.10.1986:

"Meine Frau und ich - damals noch nicht verheiratet und beide in der Ausbildung - waren einmal in der Situation, daß ein 'ungeplantes' Kind unterwegs war. Zudem fanden wir anfangs nirgends Hilfe. Damals gingen wir zu einer Hamburger Pro-familia-Stelle, um dort Hilfe zu finden. Die Behauptung von *Ullrich Thimm*: 'Natürlich berät Pro familia bei Schwangerschaftskonflikten in erster Linie mit dem Ziel, die Schwangerschaft fortzusetzen - und nicht nur, weil uns das Gesetz dazu verpflichtet: Der Name verpflichtet' -, empfinden wir nach unseren Erfahrungen als völlig irreführend. Unser Gespräch bei Pro familia verlief etwa wie folgt:
Gleich zu Beginn stellten wir klar, daß wir das Kind haben wollten, da für uns gilt: 'Kinder sind eine Gabe Gottes und Leibesfrucht ist ein Geschenk' (Psalm 127,3). Darauf folgte eine dreiviertelstündige 'Bearbeitung' durch - abwechselnd - eine Frauenärztin und eine Psychologin. Wir sollten doch lieber, um unserer Zukunft willen, abtreiben, das Kind - damals 8. - 10. Woche - würde noch nicht leben und ich - als Ehemann - könne meiner Frau 'dabei' auch die Hand halten... Schließlich versuchte man, meine Frau gegen mich auszuspielen, indem ihr gesagt wurde, ich unterdrücke sie; sie müsse selbst und allein entscheiden; worauf meine Frau nur sagte, daß sie froh sei, daß ich 'ein solches Gespräch führen' würde und so weiter.
Am Ende fragte ich dann, ob es nicht auch eine Hilfe für ein Kind gäbe, weil das doch der Name 'Pro familia' beinhalte. Daraufhin machte man uns auf die 'Geißler-Stiftung' aufmerksam - natürlich mit abfälligen Bemerkungen ... Die Stiftung 'Mutter und Kind' war uns später eine große Hilfe. Heute haben wir zwei Kinder und sind überglücklich, daß unser Daniel lebt (1 Jahr und neun Monate).
Wie viele junge Eltern wurden durch 'Pro' familia um ihr Glück gebracht? Bis heute ärgern wir uns, daß wir damals keine Schritte gegen 'Pro' familia unternommen haben. Nicht jeder hält dieser psychologisch-medizinischen 'Beratung' stand."

5. Nachuntersuchungen bei Frauen, die abgetrieben haben, haben ergeben, daß oft längerfristige schwere traumatische Störungen und Depressionen die Folge sind (u. § 40). Diese von ihm schon 1977 veröffentlichten Untersuchungen[2] veranlaßten Professor *Dr. Peter Petersen*, Hannover, 1980 zum Austritt aus dem Kuratorium von Pro familia und zu schweren Vorwürfen gegen ihre Beratungspraxis[3], insbesondere gegen das Unterlassen der Aufklärung über diese Folgen. Das Pro familia magazin hält dieser Diskussion entgegen, sie

"suggeriert, der Staat verfolge überhaupt ein Interesse zum Wohle der Frau" (Pro familia magazin 2/88 S. 22).

Das Trauma habe seinen Ursprung nicht im Abbruch, sondern in den

"spezifischen Bedeutungen, die die Betroffenen diesem verleihen". Es gehe um die "Distanzierung und Überwindung von herrschenden Normalvorstellungen ..., seien diese religiöser oder säkularer Natur". Es seien "begleitende psychotherapeutische Hilfen anzubieten, über die die vermittelnden Faktoren aufgeklärt ... würden" (ebenda).

Pro familia überwindet die Normalvorstellungen, schafft Gegennormen, manipuliert die Frauen in deren Sinne und versteht es, den Gesetzgeber zu beeinflussen. In ihrer Satzung heißt es:

"Pro familia verfolgt ihre Zwecke ferner durch Einflußnahme auf Gesetzgebung und Verwaltung. Sie informiert die Öffentlichkeit über die Inhalte ihrer Arbeitsgebiete in Zusammenarbeit mit Presse, Funk und Fernsehen" (§ 2 Ziff. 4).

Sie tut das offensichtlich außerordentlich erfolgreich.

§ 26 Die "Familienplanungszentren"

1. Ihre Grundeinstellung wird naturgemäß durch den Umstand bestärkt und gefördert, daß Pro familia selbst Abtreibungseinrichtungen unterhält, von ihnen finanziell profitiert und sogar bestrebt ist, sich durch sie finanziell so unabhängig zu machen, daß sie auf staatliche Zuwendungen - die mit Bedingungen oder Auflagen verknüpft sein könnten - nicht mehr angewiesen sein wird.

---

[2] Deutsches Ärzteblatt 1977, S. 1205 ff; *Peter Petersen*, Gynäkologische Praxis, 1987, S.525 ff; *I.Schlingensiepen-Brysch*, ZRP 1990, S. 226 f.
[3] Deutsches Ärzteblatt 1980, S. 2192.

IV. Zurück zur Wirklichkeit

Die Geschäftsführerin des Bundesverbandes formulierte die Zielvorstellung 1988 so:

"Mit dem bewußt gesteuerten Abbau der Abhängigkeit von staatlicher Förderung können neue Freiräume entstehen, die es der Pro familia ermöglichen werden, ihre einseitige Festlegung der Familienplanung auf institutionelle Beratung zu verändern und dabei neuen Formen der Versorgung Rechnung zu tragen" (Pro familia magazin 2/88 S.6).

Dem werden die Satzungen der Landesverbände angepaßt. So hieß es z.B. in der alten Satzung des Landesverbandes Rheinland-Pfalz/Saarland unter § 2 - Zweck und Arbeitsweise des Vereins, Ziff 1:

"Pro familia ... dient dem Wohl der Familie und dem verantwortungsbewußten Willen zum Kind."

In der neugefaßten Satzung ist vom Wohl der Familie und vom verantwortungsbewußten Willen zum Kind nicht mehr die Rede. Statt dessen heißt es an der entsprechenden Stelle:

"Pro familia ist auf dem Gebiet von Sexualität und Familienplanung tätig. Zu den Aufgaben der Pro familia gehören insbesondere die Beratung über Empfängnisregelung, die Partnerschafts- und Sexualberatung, die Sexualpädagogik, die Beratung bei Schwangerschaft sowie medizinische Dienstleistungen wie z.B. Sterilisation und Schwangerschaftsabbruch."

Zu diesem Zweck unterhält Pro familia sogenannte "Familienplanungszentren", u.a. in Bremen, Hamburg, Rüsselsheim, Gießen, Kassel, Hannover, Mainz. Sie strebt die Errichtung weiterer solcher Einrichtungen an, insbesondere auch in Bayern und Baden-Württemberg.

Für diese "Familienplanungszentren" ist charakteristisch die Verknüpfung von Beratung und Abtreibung. Sie werden mit den Worten angepriesen: "Alles unter einem Dach". Vorn wird zugetrieben, hinten wird abgetrieben. Schon der Name "Familienplanungszentrum" sagt unverblümt: Abtreibung sei Familienplanung.

2. Zur Veranschaulichung sei auf das Beispiel Mainz verwiesen. Unmittelbar nach Amtsübernahme der im April 1991 gewählten Landesregierung legte ihr Pro familia folgende Planung vor. Das "Familienplanungszentrum" könne pro Stunde zwei Abtreibungen vornehmen und erhalte bei Kassenabrechnung DM 184,--, bei Privatabrechnung DM 456,-- pro Abtreibung. Daraus sei mit

jährlichen Einnahmen von DM 266.112,-- zu rechnen. Die Tötungsstelle solle im Zentrum der Stadt errichtet werden (also dort, wo die Menschen früher Dome, Märkte, Stätten der Gastlichkeit schufen). Für die Beratungspraxis wurden u.a. folgende "Standards" angegeben: "Eine bessere, angstmindernde Informierung der Frauen über den chirurgischen Eingriff und seine Folgen" und "Motiviertheit aller MitarbeiterInnen, diese frauenspezifische Problematik nicht auszugrenzen". Ferner hieß es: "In allen pro Familia-Familienplanungszentren wird angestrebt, der ideologisch beabsichtigten Spaltung der Frauen in 'gute', die ihr Kind bekommen und in 'schlechte', die eine Schwangerschaft abbrechen, entgegenzuwirken". In Mainz habe es 1989 nur 9 ambulante Abbrüche mit Notlagenindikationen gegeben, in Wiesbaden 4.574, das bedeute eine ungerechte "Benachteiligung".

Daraufhin hat die Regierung *Scharping* - vertreten durch Ministerin *Rott* und Minister *Galle* - wohlwollende Förderung zugesagt[4] und auch erbracht. Nunmehr läßt sie vortragen, die Beratung solle durch psychologische Kompetenz dem Ziel des besseren Lebensschutzes dienen - offensichtlich entgegen der eigentlich verfolgten Absicht. Das ist ein unerhörter Vorgang.

Wie kann man allen Ernstes Vertrauen in die lebensschützende Wirkung der Beratung durch eine Einrichtung haben, die den Lebensschutz gar nicht will und aus ihren Zielen gestrichen hat, die selbst Abtreibungen vornimmt, von ihnen profitiert und sich durch sie finanziell unabhängig zu machen sucht, und zu deren Arbeitsbedingungen folglich eine in ethischer und gemüthafter Hinsicht personelle Negativauslese gehört? Denn ein mit durchschnittlicher Sensibilität ausgestatteter Mensch würde es unerträglich finden, seinen Arbeitsplatz unter einem Dach mit einer Abtreibungseinrichtung zu haben, ihr zuzuarbeiten, damit sein Geld zu verdienen und mit den dort angestellten Abtreibern kollegial zu verkehren. Bedingung der Mitarbeit ist Mangel an Wahrnehmungsfähigkeit oder eine starke Fähigkeit, die Wirklichkeit des Geschehens zu verdrängen - oder einfach Stumpfheit des Gemüts ("Was ist denn dabei?").

Die Irreführung ist dem Ziel adäquat: die Tendenz kleiner Gruppen der Gesellschaft zum freien Töten als allgemeine Norm durchzusetzen und das bei bis zu 85 % der Bevölkerung lebendige Ethos der Achtung vor dem Leben zu brechen. Der Angriff auf das Ethos zielt sehr tief: Er zielt auf die Menschenwürde, also auf das Fundament unserer gesamten Rechtsordnung.

---

[4] Pressedienst der Landesregierung RhPf. vom 27.Juni 1991, S. 17.

IV. Zurück zur Wirklichkeit 75

§ 27 Beweisanregungen

Für die verfassungsrechtliche Beurteilung des Gesetzes und für die Formulierung der verfassungsrechtlichen Mindestbedingungen an eine Neuregelung sind die tatsächlichen Gegebenheiten der Beratungspraxis von ausschlaggebender Bedeutung. Für den Fall, daß diese Tatsachen nicht als gerichtsbekannt vorausgesetzt werden oder daß sie von Verfahrensbeteiligten in Zweifel gezogen werden sollten, empfiehlt sich eine Beweiserhebung. Dafür einige Vorschläge.

1. Zunächst stellt sich die Frage, wie sich das Verhältnis von Abtreibung und Schwangerschaftsaustragung bei verschiedenen Beratungseinrichtungen darstellt. Die Frage ist nicht vollständig, aber doch weitgehend aufklärbar, weil Frauen, die sich zur Austragung der Schwangerschaft entschlossen haben, dies im allgemeinen der Beratungsstelle mitteilen und deren weitere Dienste in Anspruch nehmen. Bei Pro familia ist sie darüber hinaus auch deshalb aufklärbar, weil diese Institution Abtreibungen selbst vornimmt und darüber hinaus eine Nachberatung nach der Abtreibung anbietet.

Ein Beispiel: Für die kirchlichen Beratungsstellen des Erzbistums Köln ergeben sich für das Jahr 1991 folgende Zahlen:

Beratungen: 484
anschließende Austragung der Schwangerschaft: 276
Abtreibungen: 61
unbekannter Ausgang: 147.

In den Fällen mit unbekanntem Ausgang kann vermutet werden, daß der größere Teil auf Abtreibungen entfällt. Nimmt man dies für sämtliche Fälle an, so ist das Verhältnis 276 : 208. Das entspricht, in Prozentzahlen umgerechnet, einem Verhältnis von 57 zu 43 %. Legt man nicht die schlimmste Annahme zugrunde, sondern unterstellt, daß auch in einigen Fällen mit unbekanntem Ausgang die Frauen Mutter wurden, ohne dies mitzuteilen, so wurden in 60 bis 70 % der Beratungsfälle die Schwangerschaften ausgetragen.

Trifft es zu, daß das Verhältnis bei Pro familia annäherungsweise bei 100 : 0 für die Abtreibung liegt? Trifft es zu, daß die Bescheinigung einer Indikation nur dann unterbleibt, wenn die Frau eine solche ausdrücklich nicht wünscht? Trifft es zu, daß diejenigen Frauen, die sich gar nicht mehr beraten lassen wollen und lediglich an der Aushändigung des Beratungsscheins interessiert sind, einfach "Pro familia" aufsuchen? Trifft es zu, daß andere Frauen, die durch den Namen "Pro familia" irregeführt wurden, erfahren, daß die

Abtreibung in der Regel medizinisch, und in jedem Fall rechtlich und moralisch unbedenklich sei?

Der Senat könnte hierüber Beweis erheben, indem er sich von verschiedenen Seiten Erfahrungsberichte vorlegen läßt und leitende Persönlichkeiten von Pro familia unter Eid vernimmt.

2. Ferner stellt sich die Frage, wie es eigentlich um die behauptete "psychologische Professionalität und Kompetenz" bestellt ist. Wieviele Mitarbeiter sind im Beratungsdienst für Schwangere eingesetzt, und wieviele von ihnen haben welche psychologische Ausbildung und berufliche Vorbildung? Wie steht es um die Wochenendkurse, mit denen die Mitarbeiter speziell für diesen Beratungsdienst geschult werden? Wer unterrichtet dort mit welcher Vorbildung und Kompetenz? Was sind die Inhalte des Unterrichts? Wieviele Stunden werden verlangt?

Zur Klärung dieser Fragen könnte sich der Senat die Jahresberichte von Pro familia vorlegen lassen. So ergibt sich z.B. aus dem Bericht 1989 S. 21, daß für Teilzeitberater zwei Wochenendseminare genügen. Genaueres wird sich durch Zeugenvernehmung ermitteln lassen.

3. Ferner empfiehlt sich zu klären, ob sich die Ablehnung der "Tendenzberatung" in einer neutralen Beratung niederschlägt, oder ob auch Pro familia Tendenzberatung betreibt - nur mit entgegengesetzter Tendenz. Im Jahresbericht 1989 heißt es, es sei

"Parteilichkeit statt Neutralität in der Beratung geboten, um die Geschlechtsrollen reflektieren zu können. Besonders wurde die Entwicklung einer feministischen Sichtweise von Werten und Normen betont, die das patriarchalische Rollenverhalten aufweichen und weibliches Selbstbewußtsein stärken sollen" (S.29).

Trifft es zu, daß Pro familia unentschlossene Frauen zur Abtreibung gedrängt hat?

4. Ferner empfiehlt sich folgender Beweisbeschluß: Trifft es zu, daß sich Pro familia weigert, die Frauen über materielle Hilfen aus der Stiftung "Mutter und Kind" zu informieren? Trifft es zu, daß sie sich weigert, die Frauen über die verhängnisvollen psychologischen Auswirkungen von Abtreibungen zu unterrichten? Trifft es zu, daß auch andere Informationen, die die Frau zur Austragung der Schwangerschaft motivieren könnten, unterbleiben? Trifft es zu, daß trotzdem Beratungsscheine ausgegeben wurden, die die Behauptung enthalten, solche Informationen seien gegeben worden? Trifft es zu,

IV. Zurück zur Wirklichkeit

daß Beratungsbescheinigungen bereits vor Beginn der Beratung ausgegeben wurden, und sogar ohne daß eine anschließende Beratung erfolgte?

Zu diesen Fragen könnten am zuverlässigsten Frauen Auskunft geben, die sich von Pro familia ohne Kenntnis ihrer Tendenz beraten lassen wollten, sich aber angewidert und empört seriöseren Beratungsstellen anvertraut haben. Die Anhörung solcher Zeuginnen brächte allerdings auch bei Ausschluß der Öffentlichkeit das Risiko mit sich, daß das Persönlichkeitsrecht verletzt würde. Aus Gründen der Diskretion und des Datenschutzes könnte sich das Gericht auf Zeugenaussagen von Ärzten und Beratern beschränken, denen solche Frauen von ihren Erfahrungen berichtet haben.

5. Trifft es zu, daß Pro familia eigene Abtreibungseinrichtungen unterhält, und ggf.: wie hat sie davon finanziell profitiert?

Zur Aufklärung dieser Frage könnte sich das Gericht zunächst die alten und die 1991 neu gefaßten Satzungen der Landesverbände vorlegen lassen. Ferner könnte von den Landesregierungen die Vorlage von Anerkennungs- und Förderungsanträgen und der dazu ergangene Schriftverkehr sowie mündliche Auskunft verlangt werden. Schließlich wäre es ratsam, die Jahresabschlußrechnungen sämtlicher Familienplanungszentren anzufordern, mit besonderer Hervorhebung der aus den Abtreibungen erzielten Einkünfte. Ferner wäre es eine sicherlich nicht bedeutungslose Frage, in welcher Höhe Pro familia aus Mitteln des Bundes, der Länder und Gemeinden finanziert wird, in welchem Verhältnis diese Zahlen zu denen durch Abtreibung erwirtschafteten Mitteln stehen und wie sich dieses Verhältnis im Laufe der vergangenen Jahre entwickelt hat.

6. Schließlich ist die Frage bedeutsam, wieviele Abtreibungen Pro familia pro Jahr insgesamt vornimmt, wie sich diese Zahlen entwickelt haben und in welchem Verhältnis sie zur Gesamtzahl der gemeldeten Abtreibungen stehen. Ist die Angabe zutreffend:

"Etwa 77 % aller gemeldeten Abbrüche der BRD werden in Pro familia Zentren vorgenommen" (Pro familia magazin 2/92, S. 22 f)?

Das Argument der Gesetzesbefürworter, das Gesetz diene dem Lebensschutz, weil es die Schwangeren unter Androhung hoher Strafen in die Beratung zwinge, könnte nach einer solchen oder ähnlichen Beweisaufnahme in einem neuen Licht erscheinen.

§ 28 Zum "Memminger Prozeß"

Die Vertreter des Bundestages beklagen die geltenden Regelungen, unter denen

"ein Verfahren wie der Memminger Abtreibungsprozeß hat stattfinden können" (Juli 92, S.14).

Frauen waren in ihrem Persönlichkeitsrecht insofern betroffen, als (trotz Nichtöffentlichkeit des Verfahrens) ihre Namen bekanntwurden - und zwar durch eine indiskrete und verantwortungslose Presse. Darin liegt in der Tat eine Mißlichkeit, die nach einer Gesetzesreform ruft - aber nicht nach einem Gesetz zur Freigabe der Abtreibung, sondern zum Schutz der Intimsphäre von Angeklagten und Zeugen gegen öffentliche Bloßstellung in den Medien. Solcher Persönlichkeitsschutz wäre allgemein und nicht nur im Blick auf Abtreibungsverfahren ein Verfassungsgebot aus dem Persönlichkeitsrecht. Das Bundesverfassungsgericht könnte die wiederholten Hinweise auf den Memminger Prozeß zum Anlaß für einen entsprechenden Hinweis an den Gesetzgeber nehmen.

Der "Memminger Prozeß" wurde von einem zügellosen Agitationsjournalismus zur gezielten Irreführung über die geltende Rechtslage genutzt. Die Kampagne wurde von Pro familia angestoßen[5] und vor allem im Fernsehen, im Funk und in den Hamburger Wochenblättern geschürt. Von daher erklärt sich, wie der Memminger Abtreiber *Dr. Theissen* zu einem Medienhelden mit Vorbildcharakter hat aufsteigen können.

Der Bevölkerung wurde erstens verschwiegen, daß sich die Frauen durch Vorlage einer Beratungsbescheinigung leicht Straffreiheit hätten verschaffen können, zweitens, daß *Dr. Theissen* pflichtwidrig unterlassen hat, sie darauf hinzuweisen, drittens, daß er selbst die Bedingungen des Gesetzes für straffreie Abtreibung - Beratungsbescheinigung bzw. Indikationsstellung durch einen anderen Arzt - umgangen hat, viertens, daß er dies alles tat, um DM 342.000 Steuern hinterziehen zu können, fünftens, daß die gerichtliche Überprüfung der Indikationen in seinem Interesse erforderlich war, um ihn nämlich von dem Vorwurf der indikationslosen Abtreibung entlasten zu können.

Vor dem Hintergrund des Verschweigens konnte der Bevölkerung suggeriert werden, aufgrund der geltenden Gesetzeslage könnten Frauen ohne weiteres wegen Abtreibung bestraft werden, zu diesem Zweck werde mitleidlos

---

[5] Memmingen: Abtreibung vor Gericht, hg. von Pro familia mit dem Komitee für Grundrechte und Demokratie, 1989.

IV. Zurück zur Wirklichkeit

in ihrem Intimleben herumgeschnüffelt, dieses werde vor der Öffentlichkeit ausgebreitet, das alles geschehe auf Druck der Bayerischen Staatsregierung, diese führe ein bayerisches Sonderrecht zur Verschärfung des Bundesrechts ein, dahinter stünde die katholische Kirche, die sich der Regierung bediene, um unter Mißachtung des weltanschaulichen Pluralismus und der geltenden Gesetze anderen ihre Moralvorstellungen aufzuzwingen. Alle diese Unwahrheiten wurden angereichert durch Verbalinjurien der übelsten Art.[6] Wer keine Hemmungen beim Töten des Menschen im Embryonalzustand kennt, hat anscheinend erst recht keine Hemmungen bei der öffentlichen Verleumdung, üblen Nachrede und Beleidigung.

Angesichts der extensiven Auslegung der Rundfunk- und Meinungsfreiheit durch den 1. Senat des Bundesverfassungsgerichts und seiner äußerst restriktiven Auslegung des Ehrenschutzes gibt es für die Angegriffenen praktisch keinen Rechtsschutz. Ebensowenig funktioniert die aufsichtsrechtliche Kontrolle durch Intendant oder Rundfunkrat. Es gibt auch keine freiwillige Selbstkontrolle durch eine Journalistenkammer oder ein sonstiges Gremium, das die Ehre des Journalistenberufs verteidigt (der Presserat beschränkt sich auf die Printmedien). Es gibt keine richtigstellenden Sendungen. Die Bürger werden künstlich unmündig gehalten; sie sind der Irreführung ausgeliefert, ohne es auch nur zu wissen. Auf diese Weise werden Meinungen herbeimanipuliert, insbesondere eine Mehrheit für weitere Liberalisierung des Abtreibungsrechts in Richtung einer Fristenlösung. Für diese treten aber bei nicht-manipulierter Befragung nur 22 % der Bevölkerung ein.[7] Die Abtreibung halten nur 15 % der Bevölkerung für einen "ganz normalen medizinischen Eingriff wie andere auch".[8] Die Agitatoren gehören zu diesen 15 % und versuchen den übrigen 85 %, die die ethische und psychosoziale Dimension der Abtreibung empfinden, zu manipulieren und das Ethos der Menschenwürde und des Lebensrechts zu brechen.

Besonders bestürzend ist, daß sich eine Reihe von Abgeordneten des Deutschen Bundestages trotz Kenntnis der Rechtslage nicht gescheut hat, in öffentlicher Debatte diese Irreführungen und diese Injurien zu verbreiten und Richterschelte zu üben.[9]

Für die in Frage stehende Neuregelung ergibt sich aus all dem folgendes. Wiederum hängt die Straffreiheit der Frau von der vorangegangenen Beratung ab. Wiederum also muß sie bestraft werden, wenn sie die Beratung umgangen

---

[6] Der Ablauf der Agitationskampagne wird dargestellt von Rupert Hofmann: "Memmingen" - ein Zeitdokument; erscheint in Kürze.
[7] *Renate Köcher*, a.a.O., S. 32.
[8] A.a.O., S. 33.
[9] Belege bei Rupert Hofmann a.a.O. (FN 6).

hat. Wiederum muß der Arzt bestraft werden, der auch ohne die Beratung die Abtreibung vorgenommen hat. Insofern würde die Neuregelung einen Prozeß, der dem "Memminger Prozeß" vergleichbar wäre, nicht ausschließen. Würde ein Arzt ohne Beratungsbescheinigung und Steuermeldung abtreiben, so müßte der Prozeß nach Inhalt und Verfahren im Wesentlichen ähnlich verlaufen, wie er in Memmingen verlaufen ist.

Wiederum würde die Agitationskampagne aufbranden: mit im wesentlichen gleichen Inhalten, mit gleicher Intensität und gleicher Unredlichkeit. Wiederum wären ihre Ziele erstens, die Justizbehörden einzuschüchtern, um sie von der rechtsstaatlichen Anwendung des neuen Gesetzes abzubringen, zweitens die Bevölkerung zu desinformieren, um sie gesetzeskritisch zu stimmen, drittens den Gesetzgeber gefügig zu machen, damit er endlich den letzen Rest von lebenschützenden Regeln beseitigt.

So wie es vielleicht 15 % der Bevölkerung geben mag, die absolut unmusikalisch oder absolut areligiös sind oder die keinerlei ästhetisches Empfinden haben oder bei denen jedes Rechtsgefühl versagt, so gibt es 15 %, die in der Abtreibung "einen ganz normalen medizinischen Eingriff" sehen. Man muß damit leben, daß sie das Problem mangels Sensibilität einfach nicht verstehen. Das aktuelle Problem liegt darin, daß sich diese 15 % durch außerordentlich geschicktes strategisches Handeln in Medien und einigen Parteien ganz erheblich überproportionalen Einfluß verschafft haben. Wer sich über die angeblich weit verbreitete Bestechlichkeit von Abgeordneten beklagt, sollte künftig weniger an Korrumpierung durch Geld als vielmehr durch unredlich erworbene Medienpopularität denken. Sollte es diesen 15 % wirklich gelingen, den übrigen 85 % ihre Vorstellungen aufzudrängen und das Verfassungsrecht zu überwinden, so wäre einer barbarischen Verrohung der Durchbruch gelungen - mit unabsehbaren Konsequenzen für unsere ganze rechtliche Zivilisation.

§ 29 Folgerungen

Für das anstehende Normenkontrollverfahren ergibt sich aus all dem dreierlei:

1. Es genügt nicht, die Beratungsstellen auf das Ziel des Lebensschutzes zu verpflichten. Solange es tatsächlich Beratungsstellen gibt, die dieses Ziel entweder nicht ernst nehmen oder es ganz hinter das Ziel der Selbstbestimmung zurücktreten lassen, müssen diese Einrichtungen von der staatlich anerkannten Beratung konsequent und vollständig ausgeschlossen bleiben. Der Gesetzgeber kann nicht einen Anreiz zur Beratung durch Institutionen schaffen, die die

Abtreibung als Familienplanung ansehen, selbst Abtreibungen vornehmen und sich dadurch finanzieren. Ohne ein Gesetz, das die rechtliche Wirksamkeit der Beratungsbescheinigung an entsprechende zwingende und unumgehbare Bedingungen bindet, kann die rechtliche Anknüpfung der Straffreiheit an die Beratung unmöglich dem Lebensschutz dienen, sondern führt den Ungeborenen geradewegs der Tötung zu. Das ist mit dem Grundgesetz schlechthin unvereinbar. Dies gilt nicht nur im Blick auf die umstrittene Neuregelung, sondern auch auf die geltende Regelung von 1976.

Man kann sich auch nicht damit begnügen, wenn Repräsentanten solcher Einrichtungen versichern sollten, diese würden fortan das gesetzgeberische Ziel des Lebensschutzes ernst nehmen. Das widerspräche ihrer Grundüberzeugung, ja ihrem "Gewissen", wie sie es verstehen; denn dies sagt ihnen, es komme ausschließlich auf die Interessen und die Eigenverantwortung der Schwangeren und nicht auf den Lebensschutz an. Im Hinblick auf Pro familia ist das nicht nur durch zahlreiche Zeugenberichte belegt, sondern auch durch die Selbstzeugnisse des Vereins in seiner Satzung, in seinen formellen politischen Stellungnahmen, in seinen Publikationen und in seiner Praxis der "Familienplanungszentren".

Nimmt man dies alles zusammen, so ist der Name "Pro familia" völlig irreführend. Im Geschäftsleben wäre eine solche Namensführung unzweifelhaft eine Verletzung des Gesetzes gegen den unlauteren Wettbewerb. Tatsächlich entwickelt sich Pro familia zunehmend zu einem Geschäftsunternehmen, das sich vornehmlich durch Abtreibungen finanziert. Die Anerkennung als nichtwirtschaftlicher Verein verliert dadurch mehr und mehr ihre Berechtigung, und erst recht die Anerkennung als "gemeinnützig".

Unter verfassungsrechtlichem Aspekt ist in erster Linie bedeutsam, daß Frauen, die die in § 219 StGB vorgesehene Beratung suchen, durch den Namen irregeführt werden. Sie müssen vermuten, daß in einem familienfreundlichen Sinne beraten werde, und können nicht annehmen, ihnen würden die Argumente zugunsten des Lebens vorenthalten und die Bedenken gegen die Abtreibung ausgeredet, ja sie befänden sich in der Eingangshalle eines Abtreibungsunternehmens, das ihr im Mutterleib heranwachsendes Kind unmittelbar der Tötung zuzuführen beabsichtigt.

Man kann sich also nicht damit begnügen, "Beratungs"-einrichtungen solcher Art durch Gesetz und durch Förderungsrichtlinien auf den Schutz des Lebens zu verpflichten, während man weiß, daß sie dem nicht Folge leisten werden und dies auch gar nicht tun könnten, ohne ihrem "Gewissen" untreu zu werden. Aus Gründen der Achtung vor dem individuellen Gewissen und

6 Kriele

der Menschenwürde darf man diese Menschen weder mit Verpflichtungen noch mit finanziellen Verlockungen zu einem Handeln zu bringen suchen, gegen das sie sich aus innerster Überzeugung sträuben. Es liefe daraus hinaus, sie zum Heucheln zu zwingen und sie dazu zu verleiten, die Verpflichtungen auf allerlei Weise zu umgehen.

Deshalb - und auch aus Gründen des Lebensschutzes - würde es auch nicht genügen, in das Schwangeren- und Familien-Hilfegesetz eine Vorschrift etwa des Inhalts aufzunehmen: Eine Einrichtung, die Abtreibungen vornimmt, dürfe nicht zugleich als Beratungseinrichtung anerkannt werden. Dann könnte sich etwa der Verein Pro familia einfach in zwei gemeinnützige Vereine spalten: einen, der berät und einen, ("Pro vita"), der abtreibt. Hier muß jedes Ausweichen, jede Umgehung von vornherein ausgeschlossen sein, etwa so:

"Eine Einrichtung, die abtreibt oder abgetrieben hat oder die aus einer solchen hervorgegangen ist oder die in Teilen ihres Personals mit ihr identisch ist, darf als Beratungseinrichtung i.S.v. § 218 a I StGB nicht anerkannt und gefördert werden. Soweit die Anerkennung erfolgt ist, ist sie zu entziehen."

Eine so grundsätzliche verfassungsrechtliche Feststellung ist auch deshalb erforderlich, weil einige Sozialministerien der Länder die Einhaltung ihrer Förderungsrichtlinien nicht überprüfen und auf Einzelfälle gestützte Beschwerden mit folgender Argumentation zurückzuweisen pflegen: 1. Anlaß für eine Überprüfung könne nur der konkrete Einzelfall sein. 2. Eine Beweiserhebung scheitere aber an der Verschwiegenheitspflicht der Berater. Eine Aussagepflicht bestehe selbst bei ausdrücklicher Befreiung von der Schweigepflicht nicht. Mitunter wird noch hinzugefügt: 3. Die generelle Überprüfung einer Beratungseinrichtung verletze den Verhältnismäßigkeits- und den Gleichheitssatz. 4. Die wiederholten öffentlichen Stellungnahmen einer Beratungseinrichtung dürften nicht als Indiz für deren Tendenz herangezogen werden, weil sie vom Grundrecht der Meinungsfreiheit gedeckt seien (so der Vorsitzende des Petitionsausschusses des Landtages Baden-Württemberg am 28. Sept. 1992). Es ist offensichtlich, daß derartige Argumente dazu dienen, die verfassungswidrige Beratungspraxis zu decken und aufrechtzuerhalten.

Eine konsequente Ausschaltung von Pro familia aus dem System der staatlich anerkannten Schwangerschaftskonflikt-Beratungsstellen würde übrigens Pro familia in gewisser Hinsicht durchaus entgegenkommen. Denn sie hält ihre Einbindung in das staatlich anerkannte System für eine Zumutung. Ihre Kritik an dem seinerzeit geplanten Beratungsgesetz wird durch das Schwangeren- und Familienhilfegesetz wieder aktuell: Es gehe um "Zwangsberatungen", die die Beraterinnen in einen "seelischen Dauerkonflikt" stürzten; die Beratung sei

"im Grunde genommen eine Farce" (Pro familia magazin 1/86, S. 25).

Da diese Selbsteinschätzung völlig berechtigt ist, ist es unvertretbar, im Normenkontrollverfahren zweckorientiert vorzuspiegeln, man wisse das nicht und glaube an Lebensschutzabsichten. Pro familia sieht in der "Zwangs- beratung" eine "neue Inquisition" (Pro familia magazin 3/81, S. 26). Es heißt:

"In dieser Perversion wird Beratung zu einem totalitären - den ganzen Menschen vereinnahmenden - Instrument staatlicher Kontrolle, wie Gefängnisse, Schulen und Krankenanstalten. Gemeinsam ist diesen Einrichtungen, daß sie die Personen, deren sie habhaft werden können, nach vorgegebenen Normen verbiegen und oft genug nicht unbeschädigt entlassen." Es gehe statt dessen um "eine weitere Annäherung an das Ziel der sexuellen Selbstbestimmung" (Pro familia magazin 2/88, S. 1).

2. Art. 15 Nr. 2 des Familien- und Schwangerenhilfsgesetzes verpflichtet die obersten Landesbehörden, ein ausreichendes und flächendeckendes Angebot sowohl ambulanter als auch stationärer Einrichtungen zur Vornahme von Schwangerschaftsabbrüchen vorzusehen. Dazu fehlt dem Bundesgesetzgeber die grundgesetzliche Kompetenz. Es wird geltend gemacht, es handele sich um einen "Annex" der Strafrechtskompetenz. Aus dieser Annexkompetenz läßt sich allenfalls das Recht des Bundesgesetzgebers ableiten, Bestimmungen über Beratungseinrichtungen zu treffen. Denn wenn die Beratung Straffreiheit herbeiführen soll, weil dies dem Lebensschutz diene, so muß sie durch entsprechende Vorsorge möglich gemacht werden. Ist die Abtreibung auf diese Weise aber straffrei gemacht, so ist damit gesagt, daß ihr Vollzug mit dem Strafrecht in keinem Zusammenhang steht, schon gar nicht in dem engen Zusammenhang der "Unerläßlichkeit", wie sie die Annahme einer Annexkompetenz voraussetzt (BVerfGE 3,421; 15,20; 26,256,300).

3. Eine große Zahl der Bundestagsabgeordneten, die dem Gesetz zugestimmt haben, ist davon ausgegangen, daß die Neuregelung dem Lebensschutz diene oder ihm zumindest nicht abträglich sein werde. Denn dies war ein Hauptargument derer, die den Entwurf eingebracht haben und für ihn eingetreten sind. Diejenigen Gesetzentwürfe, die den Lebensschutz nicht ernst nehmen, hat der Bundestag mit überwältigender Mehrheit abgelehnt.

Der Verlauf der Debatte läßt deutlich erkennen, daß sich die meisten Abgeordneten, die dem Gesetz zugestimmt haben, auf die Darlegungen der Initiatoren des Gesetzes verlassen haben und sie für sachkundig hielten, ferner, daß sie im Blick auf "Pro familia" auch dem Namen vertrauten und die Irreführung nicht durchschauten. Man kann davon ausgehen, daß ihnen weder Ideologie noch Praxis von Pro familia und schon gar nicht die "Familienplanungszentren" bekannt waren. Sie wurden von denen, die sie kennen, auch nicht darauf hingewiesen. Der Effekt, den das neue Gesetz auslösen muß, war für sie nicht vorhersehbar: Frauen werden mittels Androhung hoher Strafen zum Aufsuchen von Beratungsstellen gezwungen, die gar nicht im Sinne des Gesetzes beraten wollen und werden, sondern die den Ungeborenen unmittelbar der Tötung zuführen und diese zum Teil in den hinteren Räumen auch gleich selbst durchführen.

Die Situation ist so unglaublich, daß sich ein normaler Abgeordneter so etwas gar nicht vorstellen konnte, umso weniger, wenn ihm mit dem Ausdruck tiefen Ernstes und mit gewissenserschütterter Stimme versichert wurde, die Gesetzesinitiatoren hätten die tatsächlichen und rechtlichen Gegebenheiten sorgfältig geprüft und seien zu dem Ergebnis gekommen: die Neuregelung schaffe den besten Weg, um unter Einbeziehung der Eigenverantwortung der Frau dem Lebensschutz des Ungeborenen zu dienen. Handelte es sich um die makabre Erfindung eines Komödiendichters, würde diese vermutlich als "zu unwahrscheinlich" getadelt werden.

Kurz: Die Bundestagsabgeordneten, die dem Gesetz wegen der Betonung des Lebensschutzes zugestimmt haben, sind von denen, die die Zusammenhänge kennen, nicht darüber aufgeklärt, sondern schlicht getäuscht worden. In der Meinung, einem "Schwangeren- und Familien-Hilfegesetz" zuzustimmen, haben sie in Wirklichkeit einem "Pro-familia-Hilfegesetz" zur Mehrheit verholfen.

Tatsächlich ist das Gesetz unter unmittelbarem Einfluß von "Pro familia" zustandegekommen. Dafür ein Beispiel. Nach Angaben der Stuttgarter Zeitung vom 21. August 1992 hat *"Friedrich S."*, "Chef der Stuttgarter Abtreibungsklinik" und "FDP-Mitglied",

"an diesem neuen Gesetz ... mitgeschrieben: als Berater der stellvertretenden FDP-Vorsitzenden *Uta Würfel*, die als die Initiatorin des interfraktionellen Gruppenantrags gilt".

Den Art. 15 Nr. 2

"hat der Abtreibungsexperte diktiert".

IV. Zurück zur Wirklichkeit

Dieser Abtreibungsexperte

"war Arzt in Hessen. Auch dort hat er sich auf Abtreibungen spezialisiert. 32.000 hat er in zwölf Jahren schon vorgenommen."
(Das entspricht 2633 pro Jahr; bei 263 Arbeitstagen täglich 10 Abtreibungen.)

Es handelt sich um *Friedrich Andreas Stapf*, den das Pro familia magazin 4/91, S. 31 als "Pro familia -Mitglied" vorstellt. Laut "Der Spiegel" vom 30.Jan.1989, S.64 ist er

"Verfasser einer 'Erklärung', deren mehr als 170 Unterzeichner aus der Ärzteschaft sich zu legalen Abtreibungen bekennen".

Man darf ihn also als einen Wortführer derjenigen Ärzte bezeichnen, die "nichts dabei" finden, mit Abtreibungen ihr Geld zu verdienen und sich bei Pro familia anstellen zu lassen. Im Spiegel-Interview betreibt er die übliche Agitation gegen den Memminger Prozeß unter Verschweigen der wirklichen Zusammenhänge. Zu den psychischen Schäden, unter denen viele Frauen nach Abtreibungen leiden, meint er:

"Die Leute, die mit Aktionen gegen Abtreibung solche Frauen negativ abstempeln, tragen auch die Verantwortung für die psychischen Schäden, die dadurch entstehen."

Eine Nichtigerklärung des Gesetzes würde den Abgeordneten, die den Versicherungen der Gesetzesurheber Glauben geschenkt haben, einen gewiß willkommenen Anlaß geben, über eine Neuregelung in Kenntnis und Würdigung der wirklichen Zusammenhänge zu entscheiden.

V. Ist das Strafrecht wirkungslos?
Zur Stellungnahme des Bundestages

§ 30 *"Symbolisches Strafrecht"*

Die Stellungnahme der Vertreter des Bundestages *Professor Denninger* und *Professor Hassemer* vom 14.9.92 (im folgenden: *Denninger/Hassemer*) zeigt eine Merkwürdigkeit: Sie bemüht sich gar nicht um eine verfassungsrechtliche Verteidigung des im Normenkontrollverfahren angegriffenen Gesetzes, sondern ist durchgängig ein politisches Plädoyer für die völlige Abschaffung jeder strafrechtlichen Regelung der Abtreibung. Sie behauptet, der Bundestag habe eigentlich diese Abschaffung gewollt. Er habe nur wegen des verfassungsrechtlichen Risikos die Forderung des Bundesverfassungsgerichts nach rechtlicher Mißbilligung der Abtreibung ernstgenommen und umgesetzt:

"Er hat dies in loyalem Respekt vor der Auffassung des höchsten Gerichts getan, freilich in voller Kenntnis der Ungeeignetheit strafrechtlicher Lösungen in diesem Bereich" (S.80).

Damit erklären *Denninger/Hassemer* das umstrittene Gesetz selbst für verfassungswidrig. Strafrecht sei ein ungeeignetes Mittel zur Erreichung der angestrebten Ziele - das kann nur bedeuten: es sei unvereinbar mit dem Verhältnismäßigkeitsprinzip. Das gilt um so mehr für die geltende Regelung von 1976, die sie auf den verfassungsrechtlichen Prüfstand ziehen, und natürlich erst recht für die davor bestehende Gesetzeslage, mit der sie sich vorzugsweise auseinandersetzen.

In all dem liegt allenfalls eine mittelbare Verteidigung der Neuregelung. Diese sei insofern näher beim Grundgesetz, als sie die strafrechtlichen Regelungen weiter zurücknehme, insbesondere durch Fristenlösung und Nichtrechtswidrig-Erklärung.

Es ist sehr nachdrücklich zu bezweifeln, daß dies wirklich der Auffassung der Mehrheit des Bundestages entspricht, die dem Gesetz zugestimmt hat. Immerhin hat der Bundestag in diese Richtung zielende Gesetzesvorlagen mit überwältigenden Mehrheiten abgelehnt. Da es sich jedoch um eine offiziell im Namen und Auftrag des Bundestages vorgelegte Darlegung handelt, ist eine inhaltliche Stellungnahme unumgänglich.

Denninger/Hassemer gehen davon aus, daß die abschreckende Wirkung des Abtreibungsstrafrechts sehr gering ist. Das ist nicht zu bestreiten. Die praktische Bedeutung der Strafdrohung liegt weit weniger in der Abschreckungswirkung, als vielmehr in der Aufrechterhaltung des öffentlichen Bewußtseins, daß Abtreibung Tötung bedeutet und von ihrem Unrechtsgehalt her keineswegs etwas Harmloses ist, das nur die Intimsphäre der Frau betreffe und den Staat nichts angehe. Die Aufrechterhaltung des Rechtsbewußtseins hat in mehrerer Hinsicht praktische lebensschützende Bedeutung, wie der Vergleich der Abtreibungszahlen in Ost- und Westdeutschland zeigt. Sie veranlaßt Ehe- und Liebespaare, unerwünschte Kinder weniger leichtfertig zu zeugen und zu empfangen, sie gibt Anlaß zu Gewissensbedenken bei der Neigung zur Abtreibung, sie gibt Frauen, die sich zur Austragung der Schwangerschaft entschließen, Rückhalt gegenüber der auf Abtreibung drängenden Umwelt (o. § 15), sie schützt manche Frau vor dem schnellen Entschluß zur Abtreibung, die sie später bitter bereut und in schwere psychische Notlagen stürzt (u. § 40). Solche und ähnliche Auswirkungen einfach abzutun, erscheint lebensfremd und unverantwortlich.

Denninger/Hassemer machen demgegenüber geltend, daß ein nicht abschreckendes und bloß "symbolisches" Strafrecht, wie sie es nennen, seine mißlichen Seiten hat (S.65). Das ist vom Prinzip her nicht zu bestreiten. Die Frage ist nur, wie erheblich sie sind und welche Alternativen sich anbieten.

Denninger/Hassemer beziehen sich auf einen Aufsatz von *E.W. Böckenförde* aus dem Jahre 1971, der sich auf die Mißlichkeiten der damaligen Gesetzeslage und Verfolgungspraxis bezieht. Sie halten die Analyse nach wie vor, ohne Rücksicht auf die Reform von 1976, für aktuell. Sie meinen, auch heute noch werde das Abtreibungsrecht ohne Sanktionsfolgen laufend übertreten, und das sei der Rechtsgeltung insgesamt abträglich (S.66). Die Zahl der unaufgeklärten Gesetzesübertretungen kann jedoch keineswegs mehr hoch sein. Frauen bleiben ohnehin in den ersten 22 Wochen straflos, wenn sie sich haben beraten lassen (§ 218 Abs. III 2, 218 b I Satz 2, § 219 I Satz 2).

Ärzte, die sich im Rahmen der §§ 218 b und 219 bewegen, verschafft die Überzeugung, es liege eine Notlagenindikation vor, ein subjektives Rechtfertigungselement, auch wenn sie den Begriff der Notlage extensiv interpretiert haben. Nur wenn wirklich eine strafbare Handlung vorgelegen hat, wie im Fall des Memminger Prozeßes, kann es zu Aufklärung und Strafverfolgung kommen. Dann bleibt das Strafrecht keineswegs "symbolisch" und kann insofern die Rechtsgeltung nicht beeinträchtigen. *Denninger/Hassemer* polemisieren gleichwohl ständig gegen den "Memminger Prozeß" und damit gegen das Prinzip der Rechtsgeltung, woraus zu schließen ist, daß es ihnen um dieses

Prinzip nicht so ernstlich zu tun ist. Falls sie unterstellen wollen, daß auch heute noch nur 0,5 bis 1 % der strafbaren Handlungen vor den Richter kommen und bestraft werden (S.66 f), wäre das ohne Fundament in der Wirklichkeit. Es würde bedeuten, daß Steuerhinterzieher und indikationslose Abtreiber wie *Dr. Theissen* den Regelfall unter den Ärzten bilden - eine für den Ärztestand beleidigende und durch nichts erwiesene Annahme.

Ihre Zitation *Böckenfördes* unterstellt ferner, Strafverfolgung beruhe auch noch heute nur auf Anzeigen aufgrund "privater Streitigkeiten" und als "Racheakte" (S.66). Das war in Memmingen nicht der Fall. Es könnte freilich einmal vorkommen. Das aber gilt für jede strafbare Handlung, nicht nur für die strafbare Abtreibung. Man kann deshalb das Strafrecht nicht insgesamt abschaffen.

Ihre Zitation unterstellt schließlich, die Illegalität der Abtreibung zwinge auch heute noch die Frauen in die Isolierung und treibe sie "überwiegend" zu "Kurpfuschern" und "Engelmacherinnen" (S.67), und die Strafzumessung reihe die Abtreibung unter die Klein- und Bagatelldelikte ein (S.66). Auch diese Unterstellungen haben weder in der heutigen Gesetzeslage noch in der Wirklichkeit eine Grundlage. Gleiches gilt für ihre Zitation eines Aufsatzes von *Roman Herzog* aus dem Jahre 1969 (S.11).

Aus jenen kritischen Analysen der Gesetzeslage von vor 1976 ziehen sie folgende Schlüsse: Das Abtreibungs-Strafrecht sei ein "symbolisches", "täuschendes" (S.69). Es gebe eine "verächtliche" und "schädliche Antwort auf drängende soziale Probleme" (S.68). Es verschlechtere die Lage für das Ziel des Lebensschutzes (S.69). Es sei Mißbrauch des Strafrechts im Interesse der "Volkspädagogik" (S.70), sei "zynisch", mache "den Menschen zum Zweck innenpolitischer Ziele" (S.70), sei "schneidig" (S. 71), sei "mechanistisch und gewaltorientiert" (S.29), sei reines "Abschreckungsstrafrecht" und deshalb unvereinbar mit der Menschenwürde (S.71) - letzteres mit Berufung auf *Badura*, der für eine Verankerung des Strafrechts im Schuldprinzip eintrat: die schuldangemessene Strafe dürfe nicht im Interesse einer generalpräventiven Wirkung überschritten werden (JZ 1964, S.337. Hierzu u. §§ 36 ff.). Zuvor hatten sie noch die Diskreditierung des Abtreibungsstrafrechts durch die geringe Strafzumessung beklagt.

Ihre ständige Bezugnahme auf eine längst überholte Gesetzeslage und die Flucht in die Polemik lassen darauf schließen, daß sie nur geringe Möglichkeiten sehen, ihre verfassungsrechtliche Infragestellung der früher geltenden und der angefochtenen Regelung argumentativ zu vertreten - abgesehen davon, daß sie nicht beauftragt waren, die Neuregelung in Frage zu stellen, sondern zu verteidigen.

§ 31 Die "Ungeeignetheit" des Strafrechts

Zur Begründung der "Ungeeignetheit" des Strafrechts führen sie folgendes an:

1. Die strafrechtliche Freistellung bedeute nicht ohne weiteres sittliche Billigung und soziale Anerkennung (S. 41 ff). Das ist gewiß richtig: auch Lüge, Vertrauensbruch, Frechheit werden nicht bestraft und dennoch nicht gebilligt. Das Strafrecht umschreibt nur das ethische Minimum. Der Einwand will anscheinend sagen: Das Strafrecht sei schon deshalb zum Lebensschutz ungeeignet, weil es entbehrlich sei. Selbst wenn das berechtigt wäre, wäre der Einwand logisch nicht schlüssig. Darüberhinaus ist dreierlei zu bedenken:

Zunächst: da Abtreibung ein Tötungsdelikt ist, betrifft es unaufgebbar das ethische Minimum.
Sodann: wir haben in der Bundesrepublik mit einer zahlenmäßig zwar kleinen, aber äußerst öffentlichkeitswirksamen "Emanzipations"-Bewegung zu tun, die den Tötungscharakter der Abtreibung entweder rundweg bestreitet oder ihn als etwas Geringfügiges angesichts der hohen Bedeutung der "Selbstbestimmung" darstellt, in beiden Varianten also die moralisch-sittliche Bedeutung des Problems ausdrücklich in Frage stellt.

Und schließlich: es macht einen Unterschied, ob ein moralwidriges Verhalten schon bisher straflos war oder ob eine vorhandene Strafbarkeit aufgehoben wird. Im letzteren Fall kann sich der Bevölkerung der Schluß aufdrängen, die sittliche Mißbilligung sei nunmehr aufgegeben. Diese Wirkung ist z.B. eingetreten bei der Zurücknahme der Strafbarkeit in den Bereichen der Ehrverletzung, des Landfriedensbruchs, der Blasphemie oder der Sexualdelikte. Bei Aufhebung des § 218 ff ergäbe sich für die Bevölkerung der Schluß, die Auffassungen der "Emanzipations"-Bewegung hätten sich "durchgesetzt".

Das gilt erst recht, wenn die Aufhebung vom Bundesverfassungsgericht ausdrücklich für rechtens erklärt wird. Wie immer eine solche Entscheidung begründet wird: die Bevölkerung würde sie, sei es auch mißverstehend, als sittliche Legitimierung der Abtreibung deuten, zumal die Medienpropaganda in diese Richtung zielen würde.

2. Eine Meinungsumfrage habe ergeben:

"Daß nach dem geltenden Recht Abtreibungen in der Bundesrepublik grundsätzlich verboten sind, wissen nur 21 % der Bevölkerung. 66 % der Bevölkerung gehen davon aus, daß Abtreibungen in der Bundesrepublik grundsätzlich erlaubt sind" (S.18 f mit Bezug auf *Renate Köcher* a.a.O. S. 32).

Mit diesem Zitat kritisieren Denninger/Hassemer eine Äußerung des Bundesverfassungsgerichts 39,1,57:

"Ebenso wichtig wie die sichtbare Reaktion im Einzelfall ist die Fernwirkung einer Strafnorm ... Schon die bloße Existenz einer solchen Strafandrohung hat Einfluß auf die Wertvorstellungen und Verhaltensweisen der Bevölkerung ..."

Denninger/Hassemer:

"Wie nun aber, wenn mehrheitlich dieses Wissen gar nicht existiert, und außerdem, selbst insoweit es existiert, es nachweisbar ohne Einfluß auf das Abbruchverhalten bleibt?" (S.18)

Zur ersten Frage: *Renate Köcher* erläutert:

"Die Interpretation dieses Rechts ist mehr von der Abtreibungspraxis als von der Rechtslage und den Intentionen des Gesetzgebers bestimmt."

Tatsächlich sind Frauen ja trotz des prinzipiellen Unwerturteils von Strafe freigestellt. Daraus ziehen offenbar viele den unrichtigen Schluß auf die "grundsätzliche Erlaubtheit". Daraus erklärt sich zwanglos die nach wie vor hohe Zahl von Abtreibungen in der Bundesrepublik. Es käme also auf eine Weiterverbreitung des Wissens um dieses Unwerturteil an; damit könnte sich auch dessen Einfluß entsprechend ausbreiten. Hier besteht eine Verantwortung von Schule und Medien, aber kein Anlaß zur Abschaffung des Unwerturteils. Die "emanzipatorische" Propaganda gegen das Abtreibungsrecht, insbesondere gegen den "Memminger Prozeß", das Gesetzgebungsverfahren und das Normenkontrollverfahren besitzen eine so hohe Öffentlichkeitswirkung, daß sie dieser Wissensvermittlung gewiß dienlich sein werden.

Zur zweiten Frage: Die Einflußlosigkeit des strafrechtlichen Unwerturteils ist keineswegs nachgewiesen; im Gegenteil deuten die zwar hohen, aber im Vergleich zur ehemaligen DDR erheblich niedrigeren Abbruchzahlen sehr nachdrücklich auf einen solchen Einfluß hin. Es kann davon ausgegangen werden, daß die Zahlen bei weiterer Wissenverbreitung weiter sinken würden.

Wir wissen zwar, daß von der vor 1976 geregelten Bestrafung von Frauen kaum eine Abschreckungswirkung ausging, was sich aus geringer Aufklärungsrate, niedrigen Strafen, leichter Umgehbarkeit usw. zwanglos erklärt, und daß Entsprechendes für Ländervergleiche gilt. Das erlaubt aber nicht den Schluß, das Strafrecht sei bedeutungslos für die Prägung des Rechtsbewußtseins und dieses sei bedeutungslos für Gewissenserwägungen.

Es geht auch nicht nur um den Einfluß auf das "Abbruchverhalten", sondern auch auf die Anstiftung zur Abtreibung, die argumentativen Möglichkeiten zu ihrer Abwehr, und nicht zuletzt auf die Empfängnisvermeidung. Die Annahme, in keiner dieser Hinsichten gehe vom Unwerturteil des Strafgesetzbuchs irgendeine Wirkung aus, ist so unwahrscheinlich, daß sie als lebensfremd gelten muß.

3. Die Vertreter des Bundestages erhoffen sich eine positive Wirkung auf den Lebensschutz von sozialen Maßnahmen und überhaupt von Rechtsbedingungen, die eine kinderfreundliche Gesellschaft begünstigen. Darin ist ihnen zuzustimmen, und die entsprechenden Regelungen sind außer Streit. Unverständlich erscheint nur, wieso in ihnen eine Alternative zum strafrechtlichen Unwerturteil liegen soll. Eine Kombination negativer, abtreibungsabwehrender und positiver, kinderfreundlicher Regelungen läßt günstigere Bedingungen für den Lebensschutz erhoffen als die Beschränkung auf die eine oder andere Seite.

4. Die Vertreter des Bundestages setzen auf die Beratung: Sie sei eine "bessere Schutztechnik" (S.27) als das Strafrecht (S.48 ff). Auch hier ist nicht einzusehen, warum die Beratung das Strafrecht ersetzen und nicht nur ergänzen soll, vorausgesetzt, die Frau geht mit der Beratung kein strafrechtliches Risiko ein. Das aber tat sie schon bei der geltenden Gesetzeslage nicht.

Von der Beratung erhoffen sie einen besseren Lebensschutz, weil sie zu einer "bewußten und informierten Haltung" führe, dabei jedoch

"auf die Manipulation zur beratenden Person streng verzichtet" (S.50). Der Gesetzgeber mache in § 219 "kein Hehl aus der Favorisierung einer Entscheidung gegen den Abbruch der Schwangerschaft (§ 219 I Satz 5, 2.Halbsatz), vermeidet aber jede einseitige Beeinflussung oder gar Manipulation der Frau, indem er die - im Einzelfall ambivalenten - Ziele der Beratung klar vorgibt (Abs.I Satz 1)" (S.51).

Die ambivalenten Ziele sind Lebensschutz und Eigenverantwortung der Frau. Der Lebensschutz wird vom Gesetzgeber favorisiert, die Eigenverantwortung von *Denninger/Hassemer*. Ob die Ambivalenz der Ziele aufgehoben werden kann, hängt vom realen Umfeld ab, in das das Gesetz hineingestellt wird, vor allem in die tatsächliche Beratungspraxis von "Pro familia" und die ihr zugrundeliegende Ideologie (o. §§ 25-29).

Das Ergebnis lautet: die strafrechtliche Neuregelung zeigt nicht die geringsten Ansätze für den Schutz des Lebens, sondern macht die in der gegenwärtigen Fassung noch bestehenden Ansätze zunichte. Sie ist deshalb mit Art. 2 II Satz 1 GG unvereinbar.

§ 32 Zu Deutschland und Europa

Schließlich ist noch auf einige eigentümliche Argumente im Zusammenhang mit der deutschen Einigung und der europäischen Integration einzugehen.

1. *Denninger/Hassemer* meinen, die Differenzen des Rechtsbewußtseins zwischen Ost und West dürften nicht "hochgespielt" werden, weil das "zu einem neuerlichen Problem im Prozeß der deutschen Einigung werden" könne.[1] Sie wollen daraus zwar kein Beweisverwertungsverbot ableiten, wohl aber anregen, der Regelung nicht das im Westen, sondern das im Osten vorherrschende Rechtsbewußtsein zu Grunde zu legen. Dieses ist jedoch dem Lebensrecht des Ungeborenen gegenüber abgestumpft und insofern barbarisch. Die innere Ablehnung des Gedankens der Menschenwürde zumindest in diesem Punkt durch einen Teil der Gesamtbevölkerung kann keinen Maßstab für den Gesetzgeber bilden. Im Blick auf den Einigungsprozeß kann es nur darum gehen, den von der DDR-Erziehung geprägten Teil der Bevölkerung mit dem Grundgesetz und seinen rechtsethischen Implikationen vertraut zu machen.

2. *Denninger/Hassemer* meinen ferner, die Verpflichtung zu einer gesamtdeutschen Regelung des Abtreibungsrechts aus Art. 31 IV des Einigungsvertrages sei nach dem Ablauf der dort vorgesehenen Frist, also nach dem 31.Dezember 1992, nicht mehr erfüllbar. Das alte DDR-Recht müsse dann "unbefristet" weitergelten (S.88). Sie deuten die Verpflichtung gewissermaßen als eine Art "Fixgeschäft", die Frist als Ausschlußfrist. Für eine gesamtdeutsche Regelung bliebe nur der Weg über Art. 8 des Einigungsvertrages, der aber erst begehbar werde, wenn zuvor Art. 31 IV für verfassungswidrig erklärt würde.

Das ist nicht nachvollziehbar. Zwar stellt Art. 31 IV dem Gesetzgeber "die Aufgabe", die Neuregelung bis spätestens zum 31. Dezember 1992 einzufüh-

---

[1] Juli 92, S. 22.

ren. Gelingt die Einhaltung des Termins nicht, so treten die üblichen Folgen einer Säumnis bei der Erfüllung materiell-rechtlicher, von der Sache her nicht termingebundener Verpflichtungen ein: die übernommene Aufgabe ist schnellstmöglich zu erfüllen. -

3. *Denninger/Hassemer* weisen ferner auf eine Entschließung des Europäischen Parlaments vom 12. März 1990 (EuGRZ 1990, S.198) hin, das den "dringenden Wunsch" nach "Legalisierung der freiwilligen Schwangerschaftsunterbrechung" geäußert habe. - Der europäische Einigungsprozeß verlangt aber nicht, daß jedes Mitgliedsland die jeweils fortschrittlichsten Bestimmungen seines Verfassungsrechts zugunsten des Durchschnitts preisgibt. Der Maastrichter Vertrag über die Europäische Union wird dies in den Grundsätzen der Subsidiarität (Art. B II) und der Achtung der nationalen Identitäten (Art. F I) deutlich zum Ausdruck bringen. Die Unterschiede der Staaten und Regionen in den Bereichen der Kultur und der sittlichen Grundlagen des Rechts sollen nicht eingeebnet, sondern im Gegenteil gepflegt werden und allenfalls miteinander in Wettbewerb treten. Abtreibungsregelungen anderer Länder können für uns nur Vorbild sein, wenn sie dem sittlichen Niveau unseres Rechts überlegen oder zumindestens gleichwertig sind, d.h., wenn sie geeignetere Wege zum Lebensschutz weisen.

Die im wesentlichen von Kommunisten und Sozialisten bestimmte Resolution verfolgt dieses Ziel nicht. Sie ist auch nur durch eine der dort häufigen Zufallsmehrheiten zustandegekommen. (Die Beschlußfähigkeit verlangt nur die Anwesenheit eines Drittels der Mitglieder und kann bis auf 13 Anwesende unterschritten werden: § 89 II-V GO-EP). Die Resolution kann auch keine moralische oder politische Autorität beanspruchen. Ihr sittliches Niveau zeigt sich u.a. im Sprachgebrauch "Schwangerschaftsunterbrechung" und in der Meinung, die Selbstbestimmung umfasse "das Recht, sich zwischen der Elternschaft und der Unterbrechung einer unerwünschten Schwangerschaft zu entscheiden" (Ziff. 1 c).

Die Resolution behauptet allen Ernstes, in der Bundesrepublik sei zwar die Abtreibung "erlaubt" (J), gleichwohl aber gebe es hier "Verurteilung und Verfolgung von Frauen und Ärzten, die freiwillige Schwangerschaftsunterbrechungen ... vornehmen" (1 b). Das Eintreten für das Lebensrecht wird wie folgt charakterisiert: "Vereinigungen wie Pro Life" schlachteten "das Thema 'freiwillige Schwangerschaftsunterbrechung' auf geschmacklose Art für weltanschauliche Zwecke aus" (I). Für die Verteter des Deutschen Bundestages sollte es als unwürdig gelten, sich auf eine Resolution zu berufen, die sich in ihrem intellektuellen und moralischen Niveau derart selbst enthüllt. Dem Bundesverfassungsgericht einen derartigen Text als Entscheidungshilfe zuzumuten, offenbart Vorstellungen, die die große Mehrheit des Deutschen Bundestages nicht teilt.

Überdies sind diese Ausführungen - wie alle übrigen - ohne verfassungsrechtliche Relevanz.

3. Hauptteil

Der Schutz der Menschenwürde (Art.1 I GG)

I. Warum Schutz des Ungeborenen?

§ 33 Menschenwürde gegen Utilitarismus

Artikel 1 I GG bedeutet im Zusammenhang mit dem Abtreibungsrecht mehr als nur eine Verstärkung und Unterstreichung dessen, was in Artikel 2 II Satz 1 ohnehin geregelt ist. Die im Verfassungsrecht übliche Verknüpfung beider Artikel - Art. 2 II i.V.m. Art. 1 - hat auch nicht nur den Grund, die in Art. 1 I Satz 2 ausgesprochene Schutzpflicht des Staates für den Lebensschutz heranziehbar zu machen: solche Schutzpflichten gegen Eingriffe Privater bestünden auch ohne sie (vgl. o. §§ 4 und 6). Sie hat schließlich auch nicht nur den Grund, den in Art. 2 II gewährleisteten Lebensschutz im Blick auf Art. 79 III gegen mögliche Verfassungsänderungen abzusichern.

So bedeutsam das alles ist - Art. 1 I GG kommt in unserem Zusammenhang eine darüber hinausgehende durchaus eigenständige Bedeutung zu. Um sie sichtbar zu machen, bedarf es nicht einer in die Tiefe dringende Analyse des Begriffs "Menschenwürde", seiner historischen Herkunft und seiner philosophischen Implikationen.[1] Vielmehr kann sich die Erörterung insofern im rein Juristischen halten, als sie sich auf Elemente des Begriffs bezieht, über deren Implikation im geltenden Verfassungsrecht bereits Konsens besteht, auf Elemente, die gerade unter dem Aspekt der strafrechtlichen Abtreibungsregelung erheblich sind.

Artikel 1 I ist zunächst im Zusammenhang mit der Frage einschlägig: Was zwingt den Verfasssungsinterpreten zu einer Auslegung des Begriffs "jeder" in Artikel 2 II Satz 1, die auch den Ungeborenen einschließt? Die Wortlautinterpretation würde es zumindest nicht von vornherein ausschließen, diesen

---

[1] Hierzu siehe *E.W.Böckenförde* und *R.Spaemann* (Hg), Menschenrechte und Menschenwürde, Stuttgart 1987, insbesondere die Beiträge von *R.Spaemann*: Über den Begriff der Menschenwürde, S.295 ff und *J.Tischner*, Zur Genese der menschlichen Würde, S.317 ff. - Speziell im Blick auf die Abtreibungsfrage: *Stephen Schwarz*, Die verratende Menschenwürde, 1992.

Begriff enger zu fassen, so daß er nur den Geborenen, eventuell sogar nur den zum Bewußtsein Erwachten meint.

Die Auslegung aus der Entstehungsgeschichte deutet das Bundesverfassungsgericht in BVerfGE 39, 38 so: Der Parlamentarische Rat habe von der ausdrücklichen Verankerung eines besonderen Lebensschutz-Rechts des Ungeborenen in der Vorstellung der Mehrheit nur deshalb abgesehen, weil er diesen Schutz in Art. 2 II Satz 1 eingeschlossen sah. Dies ist jedoch kein "tragender" Entscheidungsgrund. Er ist insofern zweifelhaft, als im Parlamentarischen Rat der Sprecher der SPD im Namen zumindest der "sehr großen Mehrzahl" seiner Freunde dieser Auslegung nicht zugestimmt hat. Man weiß also nicht, ob die Mehrheit im Parlamentarischen Rat groß genug war, um dem Zweidrittel-Erfordernis Genüge zu tun. Die Auslegung aus der Entstehungsgeschichte führt hier, wie meistens, zu unsicheren Ergebnissen.

Infolge dieser mangelnden Eindeutigkeit wird immer wieder in Frage gezogen, daß der Ungeborene Träger des Grundrechts ist. In der Öffentlichkeit wird nicht selten unterstellt, der Lebensschutz des Ungeborenen werde in die Verfassung hineininterpretiert, um einer Forderung der Christen nachzugeben, insbesonder der katholischen Christen. Deren Vorstellungen sollten mit Hilfe des Verfassungsrechts den Nichtchristen aufgezwungen werden.

Diese Annahme beruht auf einer Verkennung der eigenständigen juristischen Bedeutung des Grundsatzes der Menschenwürde. Es geht in unserem Zusammenhang nur um einen Aspekt dieses Begriffs: die Unabhängigkeit der prinzipiellen Rechtsstellung des Menschen von allen Zweckmäßigkeitserwägungen.

Das Lebensrecht des Ungeborenen scheint für manche Menschen, insbesondere solche männlichen Geschlechts, schwer begreiflich zu sein. Denn erstens sind wir alle geboren; die Abtreibung kann uns also unter keinen denkbaren Umständen mehr betreffen. Zweitens werden die Abgetriebenen niemals Gelegenheit haben, uns Gleiches mit Gleichem heimzuzahlen. Warum also die Schutzpflicht auf sie - ja auch auf Kleinkinder - erstrecken? Deshalb meint z.B. *Peter Singer*,

"daß sich die Gründe gegen das Töten von Personen nicht auf neugeborene Säuglinge anwenden lassen ..., weil niemand ... sich von einer Politik bedroht fühlen könnte, die Neugeborenen weniger Schutz gewährt als Erwachsenen. In dieser Hinsicht hatte Bentham recht, der den Kindermord als etwas beschrieb, 'was seiner Natur nach selbst der ängstlichsten Phantasie nicht die geringste Beunruhigung verschaffen kann'".²

Dahinter steht ein utilitaristisches Konzept der ethischen und rechtlichen Normenbegründung: Normen dienten unseren wohlverstandenen Interessen. Es komme nur darauf an, ihren Nutzen für unser mögliches Eigeninteresse rational und langfristig genug zu kalkulieren und alle Eventualitäten, die uns treffen könnten, zu bedenken. Dies zwinge uns auch, die Gegenseitigkeit zu berücksichtigen: wir respektierten die Interessen anderer, damit sie ihrerseits die unseren respektieren.

Für die juristische Auslegung des Art. 1 I GG kommt es darauf an, daß der Rechtsgrundsatz der Menschenwürde historisch und sachlich aus der Frontstellung gegen eine solche Normenbegründung ausschließlich aus Zweckmäßigkeitserwägungen entstanden und nur von daher zu verstehen ist.

Zwar trägt die Normenbegründung durch das Folgenkalkül verhältnismäßig weit. Sie vermag uns in der Tat zahlreiche Normen zu erklären, die oft nicht auf Anhieb einleuchten, die aber einleuchtend werden, wenn man ihre Fernwirkungen rational und umfassend genug ins Auge faßt. Aber es gibt Normen, zu deren Begründung ein noch so rational und langfristig angelegtes Interessenkalkül nicht ausreicht. Sie regeln Situationen, in die wir auch bei Berücksichtigung aller denkbaren Eventualitäten nicht geraten können. Sie schützen Menschengruppen, zu denen wir nicht gehören und die niemals die Macht haben werden, uns um der Gegenseitigkeit willen zur Anerkennung ihrer Interessen zu veranlassen. In solchen Fällen besteht immer eine starke Tendenz, ihre Interessen zu vernachlässigen.

Das Konzept des Rechtsgrundsatzes der Menschenwürde ist und war stets dazu bestimmt, dieser Tendenz entgegenzutreten und den Schutz derer zu gewährleisten, die sich gegen die Vergewaltigung ihrer Interessen nicht wehren können. Es handelte sich stets um ein Konzept der Noblesse und Ritterlichkeit, dazu bestimmt, das Interessenkalkül, so berechtigt es sein mag, in die Schranken eines ihm vorgelagerten, übergeordneten, ihm Grenzen ziehendes Rechtsdenken zu verweisen. Dieses Rechtsdenken will uns verpflichten, uns nicht nur als Mittelpunkt unseres Horizonts zu sehen und von da aus unsere Interessen zu kalkulieren, sondern gewissermaßen die Vogelperspektive einzunehmen, aus der heraus prinzipiell alle Menschen Rechtsträger und wir ihnen insofern gleich sind. In diesem Sinne entwickelte die Aufklärung des 18.Jahrhunderts den Rechtsbegriff in unmittelbarer Konfrontation mit den

---

² *Peter Singer*, Praktische Ethik, 1984, S. 170.

Versuchen, Ethik nur aus Zweck-Mittelerwägungen zu begründen. Ihnen gegenüber formulierte Immanuel Kant den Imperativ:

> "Handle so, daß du die Menschheit, sowohl in deiner Person, als in der Person eines jeden anderen jederzeit zugleich als Zweck, niemals bloß als Mittel brauchst". [3]

Markante Stationen in der Geschichte der Neuzeit waren z.B.: im 16. Jahrhundert das Eintreten für die Rechte der südamerikanischen Indianer gegen die damals gegebene Interessenlage (*Las Casas, Francisco de Vitoria*), im 17. und 18. Jahrhundert das Eintreten für Minderheiten, vor allem konfessionelle Minderheiten gegen die Staatsraison des absoluten Staates, im 19. Jahrhundert das Eintreten für die Rechte der versklavten Schwarzen und der "Wilden" in Amerika und in den Kolonien gegen den angelsächsischen Utilitarismus ("Das größte Glück der größten Zahl"), im 20. Jahrhundert das Eintreten für Menschenrechte gegen Interessen, wie das totalitäre Denken sie verstand.

Im Hinblick auf die Probleme im Zusammenhang mit der deutschen Vereinigung ist daran zu erinnern, daß dieser Utilitarismus auch die ethischen Vorstellungen des Marxismus geprägt hat: die Opfer von ein oder zwei Generationen Diktatur des Proletariats bilden nur eine kleine Zahl im Verhältnis zur gesamten befreiten Menschheit aller künftigen Generationen. Aus diesem Grunde konnte die Menschenwürde weder im Rechtsleben der ehemaligen DDR noch in der Erziehung eine Rolle spielen. Deshalb ist den dort Erzogenen der Gedanke der Menschenwürde zunächst fremd, und auch deshalb haben die Menschen dort eine andere normative Einstellung in der Abtreibungsfrage. Es kommt also darauf an, den ehemaligen DDR-Bürgern diesen Gedanken nahezubringen - anstatt vor ihren rein utilitaristischen Vorstellungen zu kapitulieren oder mit diesen einen (in der Sache unmöglichen) Kompromiß zu suchen. Der entscheidende Gesichtspunkt ist:

Wer den Grundsatz der Menschenwürde ins Spiel bringt, sagt damit, daß er sich auf das Für und Wider des jeweiligen Zweckkalküls nicht einläßt. Er hält ihm vielmehr entgegen: es kommt auf ihre Plausibilität oder Abwegigkeit nicht an. Wie immer die Gründe: "so" kann man mit Menschen nicht umgehen, das ist ein Gebot der Menschenwürde. In erster Linie geht es um willkürliche Tötung und Folter, und hieran scheiden sich die Geister. Die einen sagen: Man kann sie in Kauf nehmen, wenn es um Emanzipation, Fortschritt, "Befreiung" geht - in verschiedenen politischen Zusammenhängen; die Ermächtigung zur willkürlichen Tötung des Embryo ist nur ein Fall unter

---

[3] *I. Kant*, Grundlegung zur Metaphysik der Sitten, B 66 f.

I. Warum Schutz des Ungeborenen?

vielen. Die anderen sagen: Dem steht der Grundsatz der Menschenwürde entgegen.

Es ging stets um die, die als Allerletzte in Betracht kamen, z.B. um Hexen, Schwerverbrecher, Henker, Geisteskranke, "Wilde", Angehörige "minderwertiger Rassen", Asoziale, Abartige, Schwerbehinderte, Nazis, Kapitalisten, Reaktionäre, Kommunisten usw.: Ging ihre Mißachtung so weit, daß sie Opfer willkürlicher Einsperrung, Mißhandlung oder Tötung wurden, wurde dem entgegengehalten, daß sie Menschen sind, deshalb an der Menschenwürde teilhaben und deshalb Träger von Rechten sind, unabhängig von moralischen, geistigen oder standesbedingten Qualifikationen. Es bedeutet die konsequente logische Fortsetzung der langen Reihe der jeweils Ausgegrenzten, um die es im Streit für die Menschenwürde ging, nun im Blick auf den Embryo seine Fortsetzung zu finden. Der Einwand: "diesmal ist etwas anderes", wurde immer erhoben. Gerade eben deshalb war der Betreffende ja in seiner Menschenwürde bedroht und verteidigungsbedürftig.

Da das Grundgesetz den Grundsatz der Menschenwürde verankert, muß es gerade den Übersehenen, den Schwächsten, den Hilflosen, denen, die sich nicht zur Wehr setzen können, Rechte zubilligen, aus keinem anderen Grunde als nur dem, daß sie im biologischen Sinne Menschen sind.

Die Gegner des Konzepts der Menschenwürde (z.B. *Singer, Hoerster*) verspotten das als "Speziesismus": die Bevorzugung der Spezies Mensch. Sie meinen, es gehe in der Ethik nur um Glückmaximierung und um Leidvermeidung aus Mitleid. Deshalb seien Tiere dem Menschen und Menschen den Tieren rechtlich anzunähern.

"Das Leben eines Neugeborenen hat also weniger Wert als das Leben eines Schweins, eines Hundes oder eines Schimpansen".[4]

Singer knüpft damit ausdrücklich an archaische Rechtstraditionen an und wendet sich gegen das zivilisierte Rechtsdenken, das bloß "Ausdruck einer bestimmten jüdisch-christlichen Haltung" sei.[5] Dem steht entgegen, daß "gerade die Medizin seit dem Ärzteeid des *Hippokrates* jedenfalls bis zum Ende der Antike der Abtreibung (mit Ausnahme der sogenannten medizinischen Indikation) offenbar weithin grundsätzlich ablehnend gegenüberstand" und auch die Rechtslage im Altertum sehr differenziert war.[6]

---

[4] *Peter Singer*, a.a.O., S. 169.
[5] A.a.O., S. 172.
[6] *Wilhelm Simshäuser*, Die Behandlung der Abtreibung in der antiken römischen Rechts- und Gesellschaftsordnung, Forum Katholische Theologie 1992, S. 174 mit Nachweisen.

Das von der Menschenwürde geprägte Rechtsdenken hat seine philosophische Ausformung vor allem in der Aufklärung gefunden. So lehrte z.B. *Immanuel Kant*, im Rechtszustand zu leben sei das

"jedem Menschen kraft seiner Menschheit zustehende Recht".[7]

Menschenwürde schließt den Tierschutz nicht aus, sondern vermag ihn im Gegenteil zu begründen und zu stützen. Sie schließt jedoch aus, daß Menschen wegen eventueller Schmerzunempfindlichkeit berechtigterweise getötet werden dürften.

Die Unterstellung, der Embryo sei noch nicht schmerzempfindlich, wird übrigens von der Wissenschaft bezweifelt und ab der 8. Woche nach der Empfängnis zurückgewiesen. Nach einer Stellungnahme des wissenschaftlichen Beirats der Bundesärztekammer ist

"nach der 8.Woche p.c. beginnend und bis zur 21. Woche p.c. fortschreitend eine zunehmende Nozizeption sehr wahrscheinlich" (Deutsches Ärzteblatt v. 21.11.1991, S. 95 ff, 103). -

Die Frage, worin die Sonderstellung des Menschen ontologisch, rechtsphilosophisch (und vielleicht zusätzlich auch theologisch) ihre tiefere Begründung findet, bedarf an dieser Stelle keiner Vertiefung. Es genügt, daß der Rechtsgrundsatz der Menschenwürde nach den Erfahrungen des Nationalsozialismus in unserem Verfassungsrecht verankert wurde.

Dies bedeutete einen Markstein in der Fortschrittsgeschichte des Rechts. Damit unterscheidet sich das Grundgesetz in der Tat von der Verfassung der USA und anderen Verfassungen. In der Geschichte des rechtlichen Fortschritts sind uns unsere westlichen Nachbarländer meistens vorangegangen; mit dem Verfassungsgrundsatz der Menschenwürde aber hatten wir einmal die Chance, anderen voranzugehen. Jetzt kommt es darauf an, daß wir das Erreichte auch bewahren und nicht durch restriktive Verfassungsinterpretation hinter diesen Kulminationspunkt des Fortschritts zurücksinken.

---

[7] *Kant*, Metaphysik der Sitten, B 45.

§ 34 Ist der Embryo Mensch?

Zwei Wege werden versucht, der verfassungsrechtlichen Konsequenz für die Abtreibungsfrage auszuweichen. Zum einen wird die Frage gestellt, ob der Embryo wirklich schon als Mensch gelten könne.

1. Daß er der Spezies Mensch angehört, ergibt sich erstens aus seiner biologischen Abstammung vom Menschen durch Zeugung und Empfängnis. Davon geht auch der Gesetzgeber schon im Embryonenschutzgesetz aus. Er definiert in § 8 I:

"Als Embryo im Sinne dieses Gesetzes gilt bereits die befruchtete, entwicklungsfähige menschliche Eizelle vom Zeitpunkt der Kernverschmelzung an."

Den dahinterliegenden Gedanken erläutert der Kommentar von *Keller/Günther/Kaiser* so: § 8 I geht

"davon aus, daß mit der Verschmelzung von Ei und Samenzellkernen neues schutzbedürftiges menschliches Leben entsteht" (§ 8 Rn 1).

Der Gesetzgeber tritt deshalb in Widerspruch zu sich selbst, wenn er den Rechtsschutz des Embryo im Mutterleib erst mit dem Zeitpunkt der Nidation beginnen läßt (vgl. o. § 12).

Das Menschsein beginnt also biologisch gesehen mit der Verschmelzung von Ei und Samenzelle.[8] Die Vorstellung, es handle sich zunächst nur um Pflanze oder Tier, wurde durch das von Ernst Haeckel formulierte "biogenetische Grundgesetz" populär: die Ontogenese durchlaufe die Stadien der Phylogenese. Diese Theorie erfreut sich zwar noch immer einer gewissen Schulbuch-Popularität. Sie wird jedoch von der heutigen Embryologie nicht bestätigt und gilt als wissenschaftlich überholt, ja man hat herausgefunden, daß sie von Anfang an nicht auf seriösen Erkenntnissen, sondern auf Fälschungen beruhte.[9] Immerhin anerkennt der Gesetzgeber das Menschsein des Embryo, indem er ihm überhaupt Rechtsschutz angedeihen läßt und die Frist, in der die Abtreibung zulässig sein soll, begrenzt.

2. Das Menschsein ergibt sich zweitens aus der Entelechie des Embryo. Um sie sich anschaulich zu machen, muß man sich beispielhaft vorstellen, was aus ihm bei normaler Entwicklung in 70 Jahren werden könnte: z.B. eine Groß-

---

[8] *I.Schlingensiepen-Brysch*, Wann beginnt das menschliche Leben?, ZRP November 1992.
[9] *Schlingensiepen-Brysch*, a.a.O. Zu den Folgen der Theorie für das Abtreibungsrecht; vgl. *Hans Reis*, Das Lebensrecht des ungeborenen Kindes als Verfassungsproblem, 1984, S. X ff.

mutter, die den Enkeln Märchen vorliest, ein sozialdemokratischer Parteiführer oder Arbeiter, ein fortschrittlicher Schriftsteller, eine emanzipatorische Bundestagsabgeordnete mit großem Einfluß oder einfach ein schlichter Bürger. Man weiß zwar nicht, was aus dem Embryo wird, aber man weiß, daß irgendetwas derartiges aus ihm wird, wenn man ihn nicht tötet und sich sein Leben normal entwickelt. Dazu bedarf es keiner philosophischen Erörterung der Teleologie, das weiß der schlichteste Verstand. Blendet man die Entelechie aus und betrachtet den Embryo statisch im Augenblick der Abtreibung, so sieht er im Frühstadium aus "wie" ein kleines Tier, das zu töten man auch keine Hemmungen hätte, wenn es lästig wird und niemand Eigentumsrechte daran geltend macht. Allerdings erkennt man die menschliche Form sehr bald, und ab der 18. - 20. Woche ist er im Brutkasten entwicklungsfähig.[10]

Entelechie ist nicht dasselbe wie Potentialität. *Peter Singer* will die Tötung des Embryo so rechtfertigen:

"Prinz Charles ist der potentielle König von England, aber er hat nicht die Rechte eines Königs. Weshalb sollte eine potentielle Person die Rechte einer Person haben?"[11]

Potentialität in diesem Sinne bedeutet: Abhängigkeit vom Eintritt eines ungewissen zukünftigen Ereignisses, also einer aufschiebenden Bedingung. Entelechie hingegen bedeutet: Kontinuierliche Entwicklungstendenz auf ein Ziel hin, das erreicht wird, wenn nicht von außen störende Eingriffe - gewissermaßen "auflösende" Bedingungen - dazwischentreten. Der Embryo ist nicht deshalb Mensch, weil er bei Eintritt bestimmter Ereignisse möglicherweise ein Erwachsener werden könnte, sondern weil das menschliche Leben eine kontinuierliche Entwicklung von der Empfängnis bis zum Tod darstellt.[12]

3. Daß drittens die Abtreibung auch im allgemeinen Bewußtsein als Tötung eines Menschen begriffen wird, zeigt sich an den intensiven Bestrebungen, die Wahrnehmung der Wirklichkeit aus dem öffentlichen Bewußtsein zu verdrängen. Die Wahrnehmung der konkreten Wirklichkeit und die Aufmerksamkeit auf sie bildet den Anfang jeder ethischen Erkenntnis und damit auch der Achtung der Menschenwürde.[13]

---

[10] *Schlingensiepen-Brysch*, a.a.O.
[11] *Peter Singer*, Praktische Ethik, S. 165.
[12] Vgl. *Schlingensiepen-Brysch*, a.a.O.
[13] Darauf weist besonders *Robert Spaemann* hin: Glück und Wohlwollen, Versuch über Ethik, 1989, insbes.S. 116 ff, 124 ff.

I. Warum Schutz des Ungeborenen?

Deshalb handeln die für das Lebensrecht des Ungeborenen eintretenden Organisationen aufklärerisch, wenn sie in öffentlichen Veranstaltungen filmische Aufnahmen einer Abtreibung vorführen (etwa "Der stumme Schrei" oder "Eclypse of Reason" des amerikanischen Arztes *Nathanson*). Emanzipatorische Gruppen suchen gerade dies zu verhindern: sie blockieren z.B. die Eingänge, stören die Veranstaltung oder machen die Filmvorführung unmöglich, indem sie die Kabel durchschneiden (Erfahrungen an der Universität zu Köln). Bemühungen, den Film im Fernsehen zu zeigen - wenigstens zu später Stunde in den dritten Programmen - scheiterten: was man dort sehe, sei zu entsetzlich und deshalb unzumutbar. Ist der Vorgang aber entsetzlich und seine Anschauung unzumutbar, dann verliert er diese Eigenschaft nicht, indem man sie aus dem öffentlichen Bewußtsein verdrängt. Er hat diese Eigenschaft eben deshalb, weil es sich um die Tötung eines Menschen handelt.

4. Angenommen aber, trotz allem bestünden immer noch Zweifel und Meinungsverschiedenheiten, ob der Mensch im Embryonalstadium schon als "Mensch" gelten könne, dann könnte sie nicht zu seinen Lasten gehen. Es gälte vielmehr die vom Bundesverfassungsgericht zu Recht formulierte Vermutungsregel,

"wonach in Zweifelsfällen diejenige Auslegung zu wählen ist, welche die juristische Wirkungskraft der Grundrechtsnorm am stärksten entfaltet" (BVerfGE 39,38).

5. Nur die Auslegung, die dem Embryo das Menschsein zuspricht, steht auch in der Tradition der Aufklärung: es handelt sich also keineswegs nur um eine christliche oder gar nur "katholische" Sonderauffassung. So hieß es in dem vom aufgeklärten Absolutismus geprägten Preußischen Allgemeinen Landrecht von 1794:

"Die allgemeinen Rechte der Menschheit gehören auch den noch ungeborenen Kindern, schon von der Zeit ihrer Empfängnis. Wer für schon geborene Kinder zu sorgen hat, der hat gleiche Pflichten in Ansehung der noch im Mutterleib befindlichen" (I.Teil, 1.Titel, §§ 10 und 11).

Denn die "Rechte der Menschheit" fordern, vom reinen Zweck-Mitteldenken abzugehen und den Menschen als Zweck an sich selbst zu achten. Eben dies ist mit dem Grundsatz der Menschenwürde zusammenfassend ausgedrückt. Kant fügte ergänzend hinzu, daß es sich überdies um eine Pflicht aus vorangegangenem Tun handle:

"So folgt aus der Zeugung in dieser Gemeinschaft eine Pflicht zur Erhaltung und Versorgung in Absicht auf ihr Erzeugnis."[14]

Auch in anderen europäischen Kulturnationen wurde die strafrechtliche Sanktion der Abtreibung unter dem maßgeblichen Einfluß der Aufklärung eingeführt, so im Österreichischem Strafgesetzbuch von 1787 (§§ 112 ff), im englischen Gesetz vom 24. Juni 1803, im französischem Code Pénal von 1810 (Art.317).[15]

§ 35 Lebensrecht und Selbstbestimmungsrecht

Oder es wird - zweitens - unter prinzipieller Anerkennung des Menschseins und Lebensrechts des Embryo eine Abwägung mit dem Selbstbestimmungsrecht der Mutter gefordert, derzufolge dieses uneingeschränkt Vorrang verdiene. Dieser Vorrang würde jedoch bedeuten, daß das Selbstbestimmungsrecht der Frau über ihren Körper in ein Fremdbestimmungsrecht über den Embryo umschlägt und diesen schutzlos stellt.

Die Verfechter dieses Vorrangs gehen von dem Grundsatz aus: "Das Leben ist der Güter höchstes nicht". Der Güter höchstes sei vielmehr das Selbstbestimmungsrecht, die freie Entfaltung der Persönlichkeit, die in Art. 2 I GG verankert ist. Hiernach hat in der Tat ein jeder dieses Grundrecht, allerdings nur,

"soweit er nicht die Rechte anderer verletzt und nicht gegen die verfassungsmäßige Ordnung oder das Sittengesetz verstößt".

Diese Schranken des Selbstbestimmungsrechts wollte auch der von der Philosophie der Aufklärung geprägte Friedrich Schiller keineswegs in Frage stellen. Er spricht vielmehr, wie der Zusammenhang ergibt, nicht vom Töten, sondern vom Sterben, genauer: von der Selbstopferung des Lebens zum Zweck der Vermeidung der Schuldverstrickung. Er fährt an der betreffenden Stelle fort:

"Der Übel größtes aber ist die Schuld" (Braut von Messina, letzter Satz). -

Man kommt der Mißachtung der Rechte anderer zugunsten der freien Selbstbestimmung schon entgegen, wenn man die sachlich treffenden Ausdrücke "Abtreibung" oder "Abtötung der Leibesfrucht" schonend vermeidet

---

[14] *I.Kant*, Metaphysik der Sitten, Rechtslehre § 28 B 111.
[15] Vgl. hierzu: *Hans Reis*, a.a.O., S. X.

I. Warum Schutz des Ungeborenen? 105

und nur von "Schwangerschaftsabbruch" spricht. Um diesen geht es zwar auch, aber er betrifft nur die eine Seite der Sache, die den Zustand der Frau betrifft. Die andere Seite, die Tötung des Embryo, wird darin nur mittelbar angedeutet, als handele es sich um eine akzidentielle Begleiterscheinung. Die Gewöhnung an diesen Sprachgebrauch macht schließlich unverständlich, wieso diese Sache eigentlich die Rechtsordnung etwas angehen soll: der körperliche Zustand der Frau ist schließlich ihre Privatsache - in der Tat!

Die Konsequenz eines Tötungsrechts kann im "Selbstbestimmungsrecht" unmöglich eingeschlossen sein. Wer das nicht zugesteht, müßte folgerichtig auch etwa folgende Argumentation für vertretbar halten: "Die gebrechlichen alten Eltern werden nicht durch Männer, sondern die Töchter und Schwiegertöchter gepflegt, die sich damit auf viele Jahre in ihren Lebenschancen einschränken müssen. Ist ihnen das noch zumutbar? Verneint die Frau diese Frage unter Anerkennung des hohen Wertes des elterlichen Lebens nach Beratung in eigenverantwortlicher Gewissensentscheidung, so ist der Abbruch des Elends nicht rechtswidrig."

Eine solche Konsequenz will niemand ziehen, jedenfalls bisher noch nicht. Es geht einstweilen nur um das Selbstbestimmungsrecht der Frau über den eigenen Körper, der durch die Schwangerschaft in der Tat mitbetroffen ist. Deswegen stellt der Gesetzgeber die Abtreibung auch nicht dem Totschlag gleich, sondern wägt Recht gegen Recht und berücksichtigt Unzumutbarkeiten.

Die gesetzgeberische Abwägung gerät jedoch leicht unter den Druck der Versuchung, die Rechte des Embryo hinter das "Selbstbestimmungsrecht" der Frau einfach zurückzustellen. Der Embryo ist stumm und kann sich nicht wehren. Die interessierten Frauen vertreten ihre Ansicht lautstark und medienwirksam. Hinzu kommen die Interessen von Männern, und zwar Interessen, die das Licht des Tages zu scheuen haben und sich hinter dem Selbstbestimmungsrecht der Frau verschanzen (s.u. § 40). Das ist typisch für Situationen, in denen die Menschenwürde auf dem Spiel steht: Immer ging es darum, das Recht des Allerschwächsten gegen die Interessen der Starken zur Geltung zu bringen. Gerade eben deshalb, weil das Lebensrecht des Embryo in Frage gestellt und sein Rang herabgespielt wird, wird es vom Rechtsgrundsatz der Menschenwürde bekräftigt.

Ein Hinweis sei noch hinzugefügt. Angenommen, diese Auslegung des Art. 2 II GG behaupte sich nicht. Dann wäre zugleich der Verfassungsgrundsatz der Menschenwürde ausgehöhlt und böte keinen Schutz mehr gegen die Forderungen, die dann über uns hereinbrechen würden: Abtreibung bis zur Geburt, Kindstötung, Tötung geistig und körperlich Behinderter, Gnadentod für Kranke, Tötung auf Verlangen, das Recht, dieses Verlangen anzustiften ("Willst du wirklich noch länger ein Pflegefall sein und das Leben deiner Tochter ruinieren?") usw. In diese Richtung gehen die Bestrebungen derjenigen, die über "Speziesismus" und Menschenwürde spotten. Nur das rationale und langfristige Kalkül unserer Eigeninteressen wird dann dem "Recht aufs Töten" noch Grenzen setzen.

II. Strafdrohung und Rechtfertigung

§ 36 Umgehung der Beratung als Straftat

§ 218 a I StGB in der umstrittenen Neufassung verletzt die Menschenwürde ferner in doppelter Weise. Zunächst: Die Rechtfertigung der Abtreibung durch Beratung macht die Strafdrohungen von § 218 zu einer Strafbarkeit der unterlassenen Beratung. Die Strafdrohungen wollen nur noch das Aufsuchen der Beratungsstelle erzwingen.

Das haben die Vertreter des Bundestages und der SPD-geführten Länder übereinstimmend vorgetragen. Es ist auch überzeugend: So ist das Gesetz in seinem Zusammenhang von § 218 und § 218 a tatsächlich konstruiert.

Das Unterlassen des Aufsuchens einer Beratungsstelle kann aber als solche eigentlich nur eine Ordnungswidrigkeit sein. Es ist für sich genommen kein so schwerwiegendes Unrecht, daß es eine Strafdrohung rechtfertigt, schon gar nicht eine Strafdrohung bis zu einem Jahr Gefängnis für die Frau und bis zu drei Jahren für den Arzt, der die Abtreibung an der nicht beratenen Frau vornimmt.

Das Strafrecht unterscheidet sich vom Ordnungswidrigkeitenrecht durch seinen ethischen Gehalt, der in Art. 1 I begründet ist:

"Bei einer reinen Ordnungswidrigkeit erreicht der Schuldvorwurf nicht die Sphäre des Ethischen. Es liegt bloßer Ungehorsam gegen 'technisches', zeit- und verhältnisbedingtes Ordnungsrecht der staatlichen Verwaltung vor, auf den dieses mit einer scharfen 'Pflichtenmahnung' antwortet." Hier werde "der Bereich der sittlichen Persönlichkeit des Menschen nicht berührt" und folglich nicht die Menschenwürde (BVerfGE 9,171).

Das ist anders im Bereich des Strafrechts. Es ist zwar unbestritten, daß das Strafrecht - wie jedes Recht - auch Zwecke verfolgt - Generalprävention, Spezialprävention, Resozialisierung usw. - und daß dies verfassungsrechtlich legitim ist. Die Verfolgung dieser Zwecke hat jedoch stets einen nicht nur psychologisch, sondern ethisch zu verstehenden Schuldvorwurf zur Grundlage und Voraussetzung und darf sich nicht von diesem ablösen und sich verselbständigen. Das verlangt die Menschenwürde, und das bestätigt die ständige Rechtsprechung des Bundesverfassungsgerichts.[1] Deshalb "bestimmt Art. 1 I GG die Auffassung vom Wesen der Strafe und das Verhältnis von Schuld und Sühne. Der Grundsatz 'nulla poena sine culpa' hat den Rang eines Verfassungssatzes"[2].

Darum muß die Strafe in einem gerechten Verhältnis zur Schuld stehen[3]. Würde der Täter "zum bloßen Objekt der Verbrechensbekämpfung gemacht", so verletzte das "seinen verfassungsrechtlich geschützten sozialen Wert- und Achtungsanspruch"[4].

Mit diesen Grundsätzen ist gesichert, daß das Strafrecht nicht zum Instrument verselbständigter Zweckmäßigkeitsgründe werden kann. Damit unterscheidet es sich prinzipiell z.B. vom Strafrecht der ehemaligen DDR, wo auch ethisch nicht vorwerfbare Handlungsweisen wie Protest gegen die Despotie oder Ausreiseversuche mit "Strafe" - genau genommen: mit Repressionsmaßnahmen - bedroht waren.

Die Strafdrohung zur Erzwingung der Beratung ist deshalb grundsätzlich mit der Menschenwürde unvereinbar. Sie ist es darüber hinaus auch deshalb, weil das angedrohte Strafmaß außer jedem Verhältnis zum Unrechtsgehalt der Umgehung der Beratung steht.

§ 37 Rechtfertigung durch Beratung

Aus diesen Grundsätzen ergibt sich eine zwingende Schlußfolgerung auf die gesetzliche Festlegung von Rechtfertigungsgründen. Auch sie müssen ethisch fundiert sein. Sie müssen geeignet sein, das ethisch begründete Unwerturteil in ethisch begründbarer Weise aufzuheben.

Wiegt aber das Unterlassen der Beratung von seinem Unrechtsgehalt her nicht schwerer als eine Ordnungswidrigkeit, so kann umgekehrt die Beratung nicht hinreichen, um ein ansonsten mit Strafe bedrohtes Vergehen zu "rechtfertigen". Es mag pragmatische Gründe dafür geben, sie als persönlichen Strafausschließungsgrund einzusetzen, insbesondere um der Schwangeren einen Anreiz zum Aufsuchen der Beratungsstelle zu geben. Damit würde sich der Gesetzgeber noch im Bereich dessen bewegen, was das Gesetz von 1976 schon vorsah und was in unserem Strafrechtssystem unter bestimmten Voraussetzungen auch sonst als möglich und zulässig gilt.

---

[1] BVerfGE 9,169; 20,331; 23,132; 41,125; 25,259; 50,133, 175, 215; 63,337; 72,116.
[2] BVerfGE 45,228; s.auch BVerfGE 20,331.
[3] BVerfGE 6,439; 9,169; 20,331; 25,285 f; 45,228; 50,215.
[4] BVerfGE 25,228; s.auch BVerfGE 28,391; 46,210; 50,133; 175, 215; 55,5 f; 63,337; 72, 116.

Nach § 218 a I ist aber die ärztliche Abtreibung innerhalb der Zwölf-Wochen-Frist allein durch den Umstand "gerechtfertigt", daß eine vorherige Beratung der Mutter nachgewiesen wird. Dafür hat der Gesetzgeber pragmatische Zweckmäßigkeitserwägungen angeführt (vgl. o. § 11). Es kommt in diesem Zusammenhang nicht darauf an, ob sie schlüssig sind und wie effektiv oder kontraproduktiv die Regelung sein mag. Entscheidend ist, daß allein und ausschließlich solche Erwägungen den Rechtfertigungsgrund tragen sollen.

Von § 218 zu § 218 a I tut der Gesetzgeber einen ungewöhnlich großen Sprung: von dem ernsten und schweren Unwerturteil des § 218 kann sich die Betroffene auf eine leicht und billig zu erlangende Weise, den Besuch der Beratungsstelle, befreien, ein Besuch, dessen Unterlassen allenfalls als Ordnungswidrigkeit gelten dürfte. Damit erscheint der Tatbestand des § 218 als Bagatelle ohne ernstzunehmenden Unrechtsgehalt, die der Gesetzgeber mit einer völlig unangemessenen Strafdrohung belegt hat, so als sei er vom Unrecht der Tat selbst nicht überzeugt.

Eine solche Regelung muß das Strafgesetz seiner Autorität entkleiden, auf die es aber gerade im Zusammenhang mit der Abtreibungsregelung wegen ihrer geringen kriminologischen Effizienz besonders ankommt: der Lebensschutz beruht wesentlich auf ihr. In der Öffentlichkeit ist bereits der Eindruck entstanden, als ob der Gesetzgeber die Strafdrohung des § 218 nur aus einem ungenannten pragmatischen Grund ins Gesetz aufgenommen habe, nämlich damit die Fristenlösung im Normenkontrollverfahren Bestand haben könne, und die Vertreter des Bundestages leisten diesem Eindruck Vorschub (vgl. o. § 30).

Da die in § 218 zum Ausdruck kommende ethische Mißbilligung aber aus Gründen des Lebensschutzes verfassungsrechtlich geboten ist, muß sie in ihrem rechtlichen Gehalt ernstgenommen werden. Dann aber müssen rechtfertigende Ausnahmeregelungen geeignet sein, die Zurücknahme der Strafdrohung ethisch zu rechtfertigen. Sind sie das nicht, sondern folgen sie ausschließlich Gesichtspunkten pragmatischer Opportunität, so verletzen sie Art. 1 I GG. § 218 a I StGB ist auch aus diesem Grunde verfassungswidrig.

§ 38 § 218 a I StGB als Eingriffsgesetz

Diese Verfassungswidrigkeiten haben eine weitreichende Folge: Sie machen § 218 a I StGB zu einem Eingriffsgesetz im Sinne von Art. 2 II Satz 3 GG.

Die Neuregelung unterscheidet sich von dem Gesetz von 1974, das der Entscheidung BVerfGE 39,1 zugrundelag, u.a. in einem wesentlichen Punkt. 1974 hatte der Gesetzgeber eine "Schutzlücke" entstehen lassen. Es blieb, wie das BVerfG Seite 53 darlegt, offen, ob der damalige § 218 a eine Tatbestandseinengung, einen Rechtfertigungsgrund, einen Schuldausschließungs- oder einen Strafausschließungsgrund schaffen sollte. Entscheidend war damals nur, daß im Gesetz die eindeutige Mißbilligung fehlte.

Der jetzt zu prüfende § 218 a I StGB hingegen enthält nicht nur eine irgendwie gestaltete Zurücknahme der Strafdrohung des § 218. In dem er Abtreibung innerhalb der Frist und nach Beratung ausdrücklich für "nicht rechtswidrig" erklärt, enthält er eine Ermächtigung zu diesem Eingriff. Daß es sich um einen "Eingriff" nicht nur im medizinischen, sondern auch im juristischen Sinne des Wortes handelt, bedarf keiner Ausführung.

Zwar macht nicht jede Ermächtigung zu Eingriffen das Gesetz zum "Eingriffsgesetz". Z.B. sind rechtfertigende Indikationen nicht von sich aus schon geeignet, das Gesetz zum Eingriffsgesetz im Sinn von Art. 2 II Satz 3 zu machen, nicht z.B. die medizinische und eugenische Indikation des neuen § 218 a II und III, obwohl auch durch sie zu einem Eingriff als "nicht rechtswidrig" ermächtigt wird.

Im Blick auf den neuen § 218 a I liegt die Sache jedoch insofern anders, als die Ermächtigung nicht sachgerecht und deshalb gleichheitswidrig und unverhältnismäßig ist.

Es fällt zunächst auf, daß die Frage, wann ein rechtfertigendes Gesetz zu einem Eingriffsgesetz wird, neu ist: Es hat bisher noch keinen Anlaß gegeben, sie zu stellen. Die Frage ist ohne Beispiel, weil der neue Rechtfertigungsgrund des § 218 a I ohne Beispiel ist: "Beratung als Rechtfertigungsgrund" ist etwas völlig Einzigartiges und ein Fremdkörper im Rechtsstaat. Daß er dem Gesetz den Charakter eines Eingriffsgesetzes im Sinn von Art. 2 II Satz 3 verleiht, ergibt sich, wenn man ihn mit den klassischen Rechtfertigungsgründen unseres Strafrechtssystems vergleicht. Dazu gehören bekanntlich: Einwilligung des Verletzten, mutmaßliche Einwilligung, Notwehr, rechtfertigender Notstand, Pflichtenkollision, die Rechte aus §§ 228, 229, 859 BGB, das politische Widerstandsrecht, Dienstrechte von Beamten und Soldaten, in begrenztem Umfang Erziehungsrechte und Sozialadäquanz.

Sie alle haben dreierlei gemeinsam: erstens knüpfen sie an besondere Umstände an. Sie orientieren sich an einem System von Regel und Ausnahme im doppelten Sinn dieses Begriffspaares: Die Ausnahme ist atypisch und deshalb weniger häufig, und: sie ist besonders begründungsbedürftig.

Zweitens beseitigen sie den Unrechtsgehalt der Tatbestandsverwirklichung gerade gegenüber demjenigen, der durch das Strafgesetz geschützt wird: das Erleiden-müssen der Tat wird ihm gegenüber zumutbar.

Drittens steht der Grund für diese Zumutbarkeit der Tat mit den besonderen und atypischen Umständen der Rechtfertigung in einem dem Rechtsgefühl einleuchtenden unmittelbaren Zusammenhang und Bedingungsverhältnis.

Die Rechtfertigung der ärztlichen Abtreibung innerhalb der Zwölf-Wochen-Frist bloß durch die Beratung fällt völlig aus diesem Rahmen. Erstens ist das Gesetz gerade darauf angelegt, einen so großen Anreiz zur Beratung zu bieten, daß diese zum typischen Regelfall wird. Zweitens macht die Beratung dem Embryo die Tötung nicht "zumutbar". Zwar hat sie gemäß § 219 seinen Lebensschutz zum Ziel und soll seine Chance, ungetötet zu bleiben, erhöhen. Zugleich jedoch löst die Beratung die Rechtmäßigkeit der anschließenden Tötung aus, und darauf wird in der Beratung auch hingewiesen. Das ist kein Vorgang, der das Erleiden-müssen der Tat irgendwie zumutbar machen könnte. Folglich entfällt auch die Frage, ob drittens zwischen Tat und Beratung ein unmittelbarer Zusammenhang besteht, der die Zumutbarkeit dem Rechtsgefühl einleuchtend machen könnte.

Einen "Rechtfertigungsgrund" solcher Art gibt es in unserem Rechtssystem nicht und hat es unter rechtsstaatlichen Bedingungen nie und nirgendwo gegeben. Er ist völlig einzigartig und unvergleichbar.

Allerdings ist der Einwand zu machen, daß die obige Aufzählung der klassischen Rechtfertigungsgründe die Indikationen des § 218 a der geltenden Fassung nicht umfaßt und insofern nicht vollständig war. Gerade im Hinblick auf die Abtreibung hat schon das Reichsgericht die medizinische Indikation als übergesetzlichen Rechtfertigungsgrund anerkannt [5] - als eine Erweiterung des rechtfertigenden Notstands im besonderen Fall der Abtreibung. Der Gesetzgeber von 1976 hat daran eine Reihe noch weitergehender Indikationen angeknüpft. Nach § 218 a I Ziff. 2 soll es außer auf die Gefahr für Leben und körperliche Gesundheit der Schwangeren auch auf ihren "seelischen Gesundheitszustand" ankommen. Diese Voraussetzungen "gelten" (im Sinne einer unwiderleglichen Vermutung) "auch als erfüllt" im Falle einer eugenetischen, kriminologischen und sozialen Indikation.

---

[5] RGSt 61, 242.

Der Wortlaut des Gesetzes "... ist nicht strafbar" ließ offen, ob es sich bei den Indikationen um Rechtfertigungsgründe oder nur um Strafausschließungsgründe oder teils um diese, teils um jene handelt. In Rechtsprechung und Literatur wurde die Einordnung streitig. Nach dem BGH, der von der überwiegenden Meinung unterstützt wird, handelt es sich um Rechtfertigungsgründe, weil dies dem Willen des Gesetzgebers entspreche.[6]

Dieser Wille kommt zwar weder im Gesetzestext noch kam er im Gesetzgebungsverfahren klar zum Ausdruck. Möglicherweise wollte sich der Gesetzgeber für den Fall eines erneuten Normenkontrollverfahrens das Argument offen halten, es handele sich nur um Strafausschließungsgründe, und hoffte zugleich für den Fall, daß es nicht zu einem solchen Verfahren kommt, auf ihre Auslegung als Rechtfertigungsgründe durch Literatur und Rechtsprechung.

Wie die Indikationen verfassungskonform auszulegen sind, kann in diesem Zusammehang dahingestellt bleiben. Auch wenn man sie als Rechtfertigungsgründe versteht, bleibt die Frage, ob der neue Rechtfertigungsgrund diesen Indikationen vergleichbar ist.

Wenngleich diese Indikationen den rechtfertigenden Notstand des § 34 StGB und den vom Reichsgericht anerkannten übergesetzlichen Rechtfertigungsgrund der medizinischen Indikation auch weit überschritten, so knüpften sie doch immerhin an diese an und weiteten sie in extensiver Auslegung aus. Selbst die am weitesten gehende soziale Indikation setzt nach § 218 a II Ziff.3 eine Notlage voraus, "die so schwer wiegt, daß von der Schwangeren die Fortsetzung der Schwangerschaft nicht verlangt werden kann". Diese Fassung ist zwar so unbestimmt, daß sie sich sehr exzessiver Auslegung zugänglich gezeigt hat. Gleichwohl bringt das Gesetz zum Ausdruck, daß es sich nach der Vorstellung des Gesetzgebers um besondere Umstände handelt, die eine Abweichung von der Regel der Rechtswidrigkeit der Abtreibung begründen. Sie muten dem Embryo das Erleiden-müssen der Tötung aufgrund einer Abwägung mit der Notlage der Mutter zu. Zwischen den besonderen Umständen und dem Erleiden-müssen besteht ein zwar gelockerter, aber immer noch unmittelbarer innerer Zusammenhang.

Der neue Rechtfertigungsgrund "Beratung" weist keines der Elemente auf, die für eine Rechtfertigung charakteristisch sind. Es geht auch nicht mehr darum, die Rechte und Zumutbarkeiten des Embryo mit denen der Mutter abzuwägen und die einen um der anderen willen zurücktreten zu lassen. Die

---

[6] BGH Z 86, 240, 245; 89, 95, 102; 95, 199, 207; BGHSt NJW 92, 763, 768.
A.A. vor allem BayObLG 1990, 49 ff = NJW 1990, 2328.

II. Strafdrohung und Rechtfertigung

Verknüpfung der Beratung mit der Abtreibung bleibt rein äußerlich und beruht ausschließlich auf Zweckmäßigkeitserwägungen.

Ein positiv-rechtlicher "Rechtfertigungsgrund" ohne jeden inneren Rechtfertigungsgehalt ist im Rechtsstaat ohne Beispiel und muß es auch bleiben. Ein Embryo, dessen Mutter die Beratungsstelle nicht aufsucht, wird durch § 218 geschützt. Sucht sie sie auf, gilt die Abtreibung als gerechtfertigt. Beide Fälle werden unterschiedlich, ja entgegengesetzt behandelt, ohne daß ein sachlich rechtfertigender Grund vorliegt. Das bedeutet für sich schon eine evidente Verletzung des Gleichheitssatzes.

Diese Ungleichbehandlung verbunden mit der Schwere und Unzumutbarkeit der durch sie "gerechtfertigten" Tötungsermächtigung macht aber darüberhinaus § 218 a I zu einem Eingriffsgesetz im Sinn von Art. 2 II Satz 3 GG. Um das anschaulich zu machen, sei an eine in mancher Hinsicht parallele Problemlage angeknüpft: An den Unterschied zwischen Enteignungsgesetzen und Gesetzen, die der Eigentümer im Rahmen der Sozialpflichtigkeit entschädigungslos hinzunehmen hat. Der Unterschied liegt nicht im formalen Charakter des "Eingriffs": auch z.B. die Beschlagnahme von Wohnraum ist ein Eingriff und braucht dennoch keine Enteignung zu sein. Der Unterschied liegt auch nicht im Totalentzug des Eigentums: die Tötung eines tollwütigen Hundes ist unter bestimmten Voraussetzungen im Rahmen der Polizeipflichtigkeit des Eigentümers hinzunehmen und keine Enteignung, obwohl sie einen Eingriff darstellt, der das Eigentum restlos entzieht (BVerfGE 20,351).

Für die Abgrenzung zwischen Sozialpflichtigkeit und Eigentum kommt es in erster Linie auf die Ungleichbehandlung an: Eingriffe, die z.B. im Rahmen der Polizeipflicht von jedermann in vergleichbaren Situationen gleich hinzunehmen wären, sind schon aus diesem Grunde keine Enteignung, ebensowenig wie andere Leistungspflichten, die jedermann treffen oder die an sachlich zu rechtfertigende Differenzierungsmerkmale anknüpfen. Das ist der eigentliche Sinn der allerdings sprachlich mißglückten Formel des Großen Zivilsenats des BGH: "Der Verstoß gegen den Gleichheitssatz kennzeichnet die Enteignung" (BGHZ 6,270).

Da der Gesichtspunkt der Gleichheit in Grenzfällen Unsicherheiten aufkommen ließ und für sich allein nicht ausreicht, wurde er von der Rechtsprechung ergänzt um Gesichtspunkte wie Schwere, Zumutbarkeit oder Verhältnismäßigkeit des Eingriffs. Der vom Bundesverfassungsgericht in den Vordergrund gestellte Gesichtspunkt der Verhältnismäßigkeit verweist seinerseits wiederum auf die Sachgerechtigkeit und damit auf die Rechtfertigungsfähigkeit der Ungleichbehandlung: "Gesetzliche Eigentumsbeschränkungen müssen vom geregelten Sachbereich her geboten und in ihrer Ausgestaltung selbst sachgerecht sein" (BVerfGE 21,155). "Die tatsächliche Situation bestimmt hiernach weitgehend den Gestaltungsbereich für eine sachgerechte gesetzgeberische Lösung" (BVerG 25,120).

Zwar liegen in Art. 14 GG die Dinge in vieler Hinsicht anders. Die Parallele liegt aber in folgendem: Ein Gesetz, das den nasciturus ohne sachgerechten Grund der Abtreibung aussetzt, ist nicht im Rahmen üblicher strafrechtlicher Rechtfertigungsgründe - gewissermaßen im Rahmen allgemeiner "Sozialpflichtigkeit" - hinzunehmen, sondern gewinnt den Charakter eines Eingriffsgesetzes. Ungleichbehandlung ohne sachgerechten Grund liegt nicht im Rahmen üblicher strafrechtlicher Rechtfertigung, sondern unterliegt den Maßstäben, an denen Eingriffsgesetze zu messen sind.

§ 39 Schlußfolgerungen

Ein Eingriffsgesetz i.S.v. Art. 2 II Satz 3 hat vor allem dem Verhältnismäßigkeitsgrundsatz zu genügen. § 218 a I dient zwar einem verfassungsrechtlich legitimen Zweck jedenfalls insofern, als es einen Anreiz zum Aufsuchen der Beratungstelle schaffen und die Beratung dem Lebensschutz dienen soll. Angesichts der überwiegenden tatsächlichen Beratungspraxis (o. §§ 25 ff) ist die weit überwiegende Wirkung jedoch eine kontraproduktive, zumal die Beratung die Rechtfertigung herbeiführt und in der Beratung eben darauf hingewiesen wird. Die Regelung trägt wesentlich dazu bei, die natürlichen Hemmungen vor der Abtreibung zu überwinden. Die Annahme, diese Wirkungen würden durch die positiven Wirkungen auch nur von ferne ausgeglichen, darf unbedenklich als lebensfremd abgetan werden. Deshalb ist das Gesetz offensichtlich nicht zur Erreichung des angestrebten Zwecks geeignet.

Es ist ferner evident, daß die Neuregelung zur Erreichung des erstrebten Zwecks nicht erforderlich ist. Die Anreizwirkung zum Besuch der Beratungsstelle ist auch gegeben, wenn die Beratung lediglich die Straffreiheit herbeiführt. Sie hat auch nach dem Gesetz von 1976 schon die Straffreiheit für die Schwangere bei ärztlicher Abtreibung ausgelöst (§ 218 III Satz 2 StGB), und dies hat für die Anreizwirkung erfahrungsgemäß genügt. Dazu bedurfte es weder des Übergangs von der Indikations- zur Fristenlösung noch des "rechtfertigenden" Charakters der Beratung.

Davon geht auch das neue Gesetz selbst aus. In § 218 a IV übernimmt es die Strafbefreiungsregelung des geltenden § 218 III. Diese ist jetzt allerdings nur noch relevant für Abtreibungen zwischen der 13. und der 22. Woche.

Nach seinen eigenen Voraussetzungen sieht aber der Gesetzgeber in den Abtreibungen ab der 13. Woche selbst etwas Gravierendes, das nicht mehr rechtfertigungsfähig ist. Umso dringender muß es ihm auf ihre Abwendung ankommen. Dafür sieht er die Beratung auch ohne ihren "rechtfertigenden" Charakter als ausreichend an. Dann aber ist nicht einzusehen, weshalb die rechtfertigende Wirkung in den ersten 12 Wochen "erforderlich" sein soll.

Daß diese Regelung deshalb auch völlig außer Verhältnis zum Zweck des Lebensschutzes steht und dem zu Schützenden nicht zumutbar ist, ist offensichtlich und bedarf nach dem Dargelegten keiner weiteren Ausführung. Das Gesetz verletzt deshalb in mehrerer Hinsicht das Verhältnismäßigkeitsprinzip.

Damit ist zugleich gesagt, daß das Gesetz den Wesensgehalt des Grundrechts auf Leben (Art. 19 II GG) antastet. Wie immer man die Wesensgehaltsgarantie im einzelnen auch auslegen mag: sie normiert jedenfalls die äußerste Grenze der Fälle, in denen der Gesetzgeber zu Eingriffen in das Grundrecht ermächtigt sein könnte (BVerfGE 31,69). Ein das Verhältnismäßigkeitsprinzip verletzender Eingriff überschreitet diese Grenze in jedem Fall. Da das Gesetz demnach als Eingriffsgesetz im Sinne von Art. 2 II Satz 3 zu verstehen ist, unterliegt es auch dem Zitiergebot des Art. 19 I Satz 2 GG.

Das Gesetz ist also nicht nur wegen Verletzung des Lebensrechts aus Art. 2 II Satz 1 verfassungswidrig, sondern darüber hinaus auch wegen Verstoßes gegen den Gleichheitssatz (Art. 3 I GG), wegen seiner mehrfachen Verletzung des Verhältnismäßigkeitsprinzips und der Wesensgehaltsgarantie (Art. 19 II GG), wegen Mißachtung des Zitiergebots (Art. 19 I Satz 2 GG), und schließlich wegen seiner Verletzungen sowohl des Schuldprinzips als auch des Prinzips, daß Rechtfertigungen ethisch begründet sein müssen. Beide Prinzipien gehören zusammen und sind gleichermaßen in der Menschenwürde (Art. 1 I GG) verankert.

III. Einzelne Verletzungen der Menschenwürde

§ 40 Die Würde der Frau und die Interessen der Männer

§ 218 a I StGB könnte Art. 1 I GG auch deshalb verletzen, weil die Vorschrift die Würde des Menschen in ihrer besonderen Gestalt als Würde der Frau antastet und der Pflicht, sie zu achten und zu schützen, nicht gerecht wird.

Nach Meinungsumfragen aus dem Jahre 1988 bewerten 56 % der Frauen, aber nur 42 % der Männer die Abtreibung als Tötung eines Menschen.[1] Wer sie als solche ansieht, kann kaum gleichzeitig meinen: die Tötung werde allein durch Beratung gerechtfertigt und es komme auf Indikationen nicht an. Viele unter denen, die im Embryo noch keinen Menschen sehen, sehen in ihm doch einen werdenden Menschen. Demgemäß halten nur 15 % der Bevölkerung die Abtreibung für einen "ganz normalen medizinischen Vorgang wie andere auch".[2]

Man muß also davon ausgehen, daß die Neuregelung, so wie sie jetzt gefaßt ist, nur von einer kleinen Minderheit der Frauen, aber von einem großen Teil der Männer getragen wird, oder, genaugenommen, getragen würde, wäre sie der Bevölkerung nicht in ihren tatsächlichen Auswirkungen so unbekannt wie den Bundestagsabgeordneten am Tage der Abstimmung (o. § 29).

Die Annahme, mit der strafrechtlichen Regelung der Abtreibung schritten moralisierende Männer über die Interessen der Frauen hinweg, ist eine Legende. Sie scheint ihre Wurzel darin zu haben, daß die auf Freigabe der Abtreibung gerichteten "emanzipatorischen" Tendenzen in Medien und Politik überproportional repräsentiert sind und besonders intensiv vertreten werden.

Das Gesetz in seiner jetzigen Fassung dient in erster Linie Interessen von Männern auf Kosten der Würde der Frau, und zwar vor allem in fünffacher Hinsicht: Es erlaubt erstens den Männern größere Fahrlässigkeit im Umgang mit ihrer Partnerin, verstärkt zweitens ihre Tendenz, die Abtreibung von ihr

---

[1] *Renate Köcher*, Schwangerschaftsabbruch - betroffene Frauen berichten. Aus Politik und Zeitgeschehen, 1990, B 14, S. 32 ff, S. 33.
[2] A.a.O., S. 32.

III. Einzelne Verletzungen der Menschenwürde

zu verlangen (was nun keine Anstiftung mehr sein soll), und nimmt drittens den Frauen den Rückhalt der Berufung aufs Recht (im einzelnen o. § 15). Die auf diese Weise erleichterte Abtreibung erspart viertens den Vätern die Alimentenzahlung und fünftens in vielen Fällen die Offenbarung ihrer Vaterschaft vor ihrer Umwelt. (Zu weiteren Männerinteressen vgl. o. § 11.)

Diese Wirkungen des Gesetzes sind nicht nur unter dem Gesichtspunkt des Lebensschutzes relevant, sondern auch unter dem der Menschenwürde der Frau. Die Implikationen des Gesetzes beruhen auf einer Mißachtung der Tatsache, daß sich Frauen durch die Abtreibung und durch die auf sie gerichtete Forderung in ihrer Würde als Frau zutiefst gekränkt fühlen. Demoskopische Zahlen deuten darauf hin. Die Befragten lebten nach einer ungewollten Schwangerschaft zur Zeit der Befragung zu 66 % noch mit ihren damaligen Partnern zusammen, nach einer Abtreibung aber nur noch zu 42 %. 58 % der betreffenden Frauen haben sich von ihrem Partner getrennt.[3]

Die Demoskopie hat auch gezeigt, daß die Abtreibung sehr zahlreiche Frauen in schwere innere Konflikte mit z.T. dauerhaften psychischen und körperlichen Problemen führt.[4]

Dazu gehören - zusammenfassend - erstens psychische Folgen wie Reue- und Schuldgefühl, Selbstvorwürfe, unmotiviertes Weinen, Angstzustände, quälende Alpträume, Depressionen, Suizidgedanken, die zum Selbstmord führen können. Diese Folgen treten bei der "bei weitem überwiegenden Zahl der Frauen nach einem Schwangerschaftsabbruch" auf - "unabhängig von religiösen Bindungen".[5]

Dazu gehören zweitens psychosomatische Folgeerscheinungen wie Kopfschmerzen, Unterleibsschmerzen ohne körperlichen Befund, Menstruationsbeschwerden und ausgeprägte sekundäre Libidostörungen. Solche Erscheinungen wurden von 40 % der befragten Frauen angegeben.

Dazu gehören drittens körperliche Folgeerscheinungen von zum Teil erheblichem Gewicht.[6]

---

[3] *Renate Köcher*, a.a.O., S. 35. Siehe hierzu: *Maria Simon* in *Klaus Weigelt* (Hg.), Freiheit, Recht, Moral, 1988, S. 134 ff.
[4] *R. Wille/ W.Barnett /N. Freudenberg*, Nach der Abtreibung, in: Sexualmedizin 16 (1987), S. 147 ff; dieselben, eine regionale Prospektivstudie psychischer Folgeerscheinungen der Notlagenabruption in: Fortschritte der Neurologie. Psychiatrie 54 (1986), S. 106 ff; *R. Goebel*, Abbruch der ungewollten Schwangerschaft, Berlin 1984; *Maria Simon*, a.a.O. (FN 74); *Peter Petersen*, Gynäkologische Praxis, 1987, S. 525 ff; *I.Schlingensiepen-Brysch*, ZRP 1990, S. 226 f.
[5] *I.Schlingensiepen-Brysch*, ZRP 1990, S. 226.
[6] A.a.O., S. 226 f.

Vor diesen Folgen vermag eine unsensible Persönlichkeitsstruktur zu schützen, indem sie vor der Wahrnehmung der mit der Tötung der Leibesfrucht verbundenen Realitäten schützt. Das "emanzipatorische" Bewußtsein der aufgeklärten Frauenbewegung für sich allein reicht aber dazu nicht hin. Die Erfahrung zeigt, daß die Abtreibung bei sensiblen Frauen im Gegenteil eine gründliche kritische Hinterfragung dieses Bewußtseins und des durch sie geprägten Milieus auslösen kann.[7]

Das Leben normal veranlagter Frauen wird von der Vorstellung begleitet, wie alt das Kind jetzt wäre und was man alles mit ihm erleben könnte, lebte es. Dies scheint eine natürliche Reaktion zu sein, die weder von religiösen noch besonderen moralischen Vorstellungen abhängt. Die psychologischen Untersuchungen beschränkten sich bisher auf Frauen; es gibt jedoch Anhaltspunkte dafür, daß Väter, die eine Abtreibung gebilligt haben, vergleichbare Reaktionen zeigen.

Die Verletzung der Würde der Frau durch den Gesetzgeber liegt darin, daß die Neuregelung dieser Leugnung und Verdrängung Vorschub leistet, ja die Schwangeren unter Strafandrohung Beratungsstellen zutreibt, die zum Teil diese Leugnung und Verdrängung geradezu zum Programm der Beratung und darüber hinaus zum politischen Programm erhoben haben. Die Rücksichtslosigkeit einer solchen Regelung ist unvereinbar mit der Pflicht des Gesetzgebers, die Menschenwürde zu achten und zu schützen.

Das Verfassungsgebot, die Würde des Menschen zu achten und zu schützen, - und darüber hinaus der Gleichheitssatz - hätten ferner nach einer Regelung verlangt, die die männlichen Erzeuger soweit wie möglich in die Verantwortung einbezieht. Sie sind z.B. zu verpflichten, an der Beratung teilzunehmen, und vor allem, für die Kosten der Abtreibung einzustehen, zumindest in Fällen der sozialen Indikation und erst recht der indikationslosen Abtreibung

Die "emanzipatorische" Antwort darauf ist, man müsse den Frauen die "Normalvorstellungen" ausreden und sie intellektuell und moralisch dahingehend manipulieren, daß sie in der Abtreibung ein Instrument der Familienplanung und Geburtenregelung sehen (o. § 25). Aus dieser Einstellung erklärt sich zwanglos, warum in entsprechend geprägter Beratung der Hinweis auf die Folgeschäden unterbleibt und warum die Verantwortung für sie denen zugeschoben wird, "die mit Aktionen gegen Abtreibungen solche Frauen negativ abstempeln" (o. § 29). Die Beratung läuft dann auf Leugnung und Verdrängung dessen hinaus, was die Abtreibung in Wirklichkeit ist und für die Frau bedeutet.

---

[7] Vgl. z.B. *Karin Struck*, Ich sehe mein Kind im Traum, 1992.

(u. § 42). Unvereinbar mit diesen Verfassungsgeboten ist hingegen ein Gesetz, das die Männer vollends in die Verantwortungslosigkeit entläßt, die Abtreibung auch ohne Indikation für nicht rechtswidrig erklärt, damit die Anstiftung zu ihr freigibt und die Männer selbst noch von den finanziellen Lasten der Abtreibung freistellt. Auch aus diesem Grunde ist der neue § 218 a I StGB verfassungswidrig.

§ 41 Die Menschenwürde des Arztes[8]

§ 218 a I StGB n.F. verändert die Rechtsstellung des Arztes in erheblichem Maße. Der Weltärztebund (World Medical Association WMA) hat auf seiner Tagung in Genf 1948 das sogenannte "Genfer Gelöbnis" formuliert. Durch dieses verpflichtet sich der Arzt im Anschluß an den Hippokratischen Eid u.a. zur bedingungslosen Achtung des menschlichen Lebens "von der Empfängnis an".[9] Dieses Gelöbnis wurde 1956 vom deutschen Ärztetag inhaltlich übernommen. Seither ist es jeder ärztlichen Berufsordnung als Präambel vorangestellt.

Zwar sah die Muster-Berufsordnung von 1962 in § 3 vor: "Der Arzt ist grundsätzlich verpflichtet, das keimende Leben zu erhalten. Schwangerschaftsunterbrechungen unterliegen den gesetzlichen Bestimmungen." Der Verweis auf die gesetzlichen Bestimmungen hatte jedoch die damals geltende strenge Regelung zur Grundlage und Voraussetzung und war nicht als Blankettvollmacht an den Gesetzgeber gedacht, das ärztliche Standesrecht beliebig auszufüllen und zu verändern.

Demgemäß übernimmt der Arzt in dem Behandlungsvertrag mit einer Schwangeren nach der Rechtsprechung des Bundesgerichtshofs zugleich eine berufsrechtlich begründete Garantenpflicht gegenüber dem ungeborenen Kind und trägt Sorge für seine gesunde Entwicklung.[10]

Der Weltärztebund erläuterte das Genfer Gelöbnis 1977 in der "Deklaration von Oslo" einschränkend. Es hieß jetzt, die Abtreibung könne "nur als therapeutische Maßnahme gerechtfertigt werden". Diese Formel wurde 1986 in die

---

[8] Wesentliche Anregungen zu diesem Abschnitt verdanke ich der tiefschürfenden Kölner Dissertation von *Ruth Esser*, Der Arzt im Abtreibungsstrafrecht. Eine verfassungsrechtliche Analyse. Erschienen im November 1992 im Verlag Duncker & Humblot, Berlin.
[9] Vgl. *H.Narr*, Ärztliches Berufsrecht, Loseblattsammlung, 2.Aufl., Stand Sept.1989; *H.J.Rieger*, Lexikon des Arztrechts, Berlin, New York 1984; *R.Tölle-Kastenbein*, Das Genfer Arztgelöbnis und der hippokratische Eid, Bochum 1984.
[10] BGHZ 106, 133 ff, A.Laufs, Fortpflanzungsmedizin und Arztrecht, Berlin 1992, S.22 f.

vom Deutschen Ärztetag beschlossenen "gesundheits- und sozialpolitischen Vorstellungen der deutschen Ärzteschaft" aufgenommen.[11]

Der Begriff "therapeutische Maßnahme" läßt zunächst nur an die medizinische Indikation denken. Doch wurde er durch den erweiterten Gesundheitsbegriff der World Health Organisation (WHO) ausgeweitet. Diese hat in ihrer Satzung vom 22.7.1946 Gesundheit definiert als "a state of complete physical, mental and social well-being and not merely the absence of desease or infirmity".[12]

Dem erweiterten Gesundheitsbegriff hat sich im Blick auf die Abtreibungsfrage auch der Deutsche Ärztetag geöffnet. Er beschloß 1976 eine Musterberufsordnung, die den Arzt in § 5 zwar erneut grundsätzlich zum Erhalt des "keimenden Lebens" verpflichtet, zugleich aber den Schwangerschaftsabbruch den "gesetzlichen Bestimmungen" unterwirft. Diese Muster-Berufsordnung wurde 1977 und 1979 bestätigt und im Wesentlichen unverändert in alle Länder-Berufsordnungen übernommen.

Der Verweis auf die "gesetzlichen Bestimmungen" hatte die Regelung von 1976 zur Voraussetzung; diese wurde somit als vereinbar mit dem ärztlichen Standesrecht hingenommen. Der Gesetzgeber hatte der deutschen Ärzteschaft diese Akzeptanz erleichtert. Erstens waren alle Indikationen als therapeutische Maßnahme definiert (o. § 10). Zweitens kam es deshalb darauf an, ob ihre Voraussetzungen nach "ärztlicher Erkenntnis" vorliegen.

Nunmehr wird dem Arzt vom Gesetzgeber zugemutet, Abtreibungen ohne solche Voraussetzungen vorzunehmen und sie folglich nicht mehr als "therapeutische Maßnahme" zu verstehen, auch nicht im weitesten Sinn des Wortes. Der Arzt wird lediglich noch wegen seines technischen Könnens eingesetzt; er vollzieht die gewünschte Tätigkeit kunstfertiger als der Kurpfuscher. Seine berufsspezifische Aufgabe, im Dienst der Gesundheit zu stehen, und sein ärztliches Urteil bleiben außer Betracht. Etwas Vergleichbares gab es in anders gearteten politischen Systemen, wenn diese den Arzt z.B. beim Vollzug der Todesstrafe, bei Euthanasie, bei Folterungen, bei wissenschaftlichen Experimenten an Gefangenen oder bei der psychiatrischen Kasernierung politischer Dissidenten instrumentalisierten.

Die Neuregelung bedeutet eine offene Herausforderung des Berufsstandes der Gynäkologen, und zwar in mehrerer Hinsicht.

---

[11] S. 33 f.
[12] Vgl. dazu A.*Laufs*, Grundlagen des Arztrechts, in: Festschrift für Hermann Weidnauer, Berlin 1980, S. 363 ff, 365.

III. Einzelne Verletzungen der Menschenwürde 121

- Erstens spekuliert der Gesetzgeber offenbar darauf, daß sich in hinreichender Zahl Ärzte finden werden, die sich der ärztlichen Berufsordnung und Standesethik um des Gelderwerbs willen widersetzen. Man kann das Gesetz geradezu als Anstiftung dazu verstehen.

- Zweitens impliziert das Gesetz eine indirekte Aufforderung an die deutsche Ärzteschaft, das Selbstverständnis ihrer Aufgabe als "Dienst an der Gesundheit" preiszugeben, die Berufsordnungen entsprechend zu ändern und das "Genfer Gelöbnis" fallen zu lassen.

- Drittens scheint der Gesetzgeber darauf zu spekulieren, daß die ärztlichen Standesorganisationen dies alles ohne Protest hinnehmen und sich damit selbst decouvrieren werden, so als träten sie nur dann mit politischen Erklärungen an die Öffentlichkeit, wenn es um ihre finanziellen Interessen, nicht aber, wenn es um ihr Berufsethos geht: eine beleidigende Herausforderung ihrer Berufsehre. (Dies gilt unter der Voraussetzung, der Berufsstand der Gynäkologen sei nicht bereits durch die bisherige Praxis so korrumpiert und durchsetzt, daß seine Mißachtung durch den Gesetzgeber auf einer realistischen Einschätzung beruht.)

- Viertens verpflichtet Art. 15 Nr. 2 des Schwangeren- und Familienhilfesgesetzes die obersten Landesbehörden, ein ausreichendes und flächendeckendes Angebot sowohl ambulanter als auch stationärer Einrichtungen zur Vornahme von Schwangerschaftsabbrüchen vorzusehen. Im Zusammenhang mit § 218 a StGB bedeutet das die organisatorische Veranlassung standeswidriger Abtreibungen. Die Organisation wird im wesentlichen in der Einrichtung sogenannter "Familienplanungszentren" (o. § 26) bestehen, ferner darin, daß in zahlreichen gynäkologischen Kliniken der öffentlichen Hand nur noch abtreibungswillige Ärzte eingestellt werden. Es sind bereits öffentliche Stellenausschreibungen bekanntgeworden, die diese Bedingung ausdrücklich stellen.

Zwar gilt weiterhin das Recht des Arztes, sich grundsätzlich jeder Beteiligung an einer Abtreibung zu enthalten (Art. 2 I des 5.Strafrechts-Reformgesetzes von 1974). Dieses Recht vermag ihn auch arbeitsrechtlich vor einer Kündigung wegen dieser Weigerung zu schützen. Aber es ist dispositives Recht. Zumindest ist sehr zweifelhaft, ob sich ein Arzt darauf noch berufen kann, wenn er zuvor im Anstellungsvertrag ausdrücklich seine Bereitschaft erklärt hat, an Abtreibungen unabhängig von Indikationen mitzuwirken. Beruft er sich später dennoch auf das Weigerungsrecht, so wird dies als ein

Bruch des Vertrages gewertet werden, der zur Kündigung berechtigt. Auf diese Weise werden gewissenhafte, ihrem Berufsethos verpflichtete Ärzte diskriminiert und um wesentliche Berufschancen gebracht.

- Fünftens wird damit zugleich eine personelle Negativ-Auslese im Berufsstand der Frauenärzte herbeigeführt. Schon in der Facharztausbildung wird die Abtreibung in weitaus größerem Umfang als bisher gelernt und geübt werden müssen. Ohne die routinierte Beherrschung dieser Kunstfertigkeit schrumpfen die Ausbildungs- und Berufschancen gegen Null. Auch wer die Eröffnung einer Privatpraxis beabsichtigt, in der er sich dieser Tätigkeit wird entziehen können, muß eine Klinikausbildung durchlaufen und sich in die dort herrschenden Bedingungen einfügen. Er muß trainieren, seine im Berufsethos begründeten Gewissensbedenken zum Schweigen zu bringen.

Dies alles wird schon den Entschluß zu dieser Facharztausbildung prägen. Junge Ärzte, die sich gern mit Liebe und Freude der Sorge für Frauen, für das werdende Leben und seine Geburt zuwenden möchten, werden von dieser Facharztwahl abgeschreckt, rohe und stumpfe Naturen werden angezogen. Die Benachteiligten werden am Ende die Frauen in ihrer Gesamtheit sein.

Eine solche Regelung verletzt nicht nur das Lebensrecht des Ungeborenen. Sie ist auch unvereinbar mit der Verpflichtung des Gesetzgebers aus Art. 1 I Satz 2, die Menschenwürde - auch die des Arztes - zu achten und zu schützen.

§ 42 Die Verstrickung der Versicherten

Als einer der wesentlichen Gründe dafür, daß die fristgerechte ärztliche Abtreibung nach Beratung "nicht rechtswidrig" sein soll, wurde von den Urhebern des Gesetzes angegeben: damit solle endgültig sichergestellt werden, daß die gesetzlichen Krankenkassen die Abtreibung finanzieren. Denn sie dürfen nach der Gesetzeslage eigentlich keine rechtswidrigen Eingriffe unterstützen (bisher: § 200 f und g RVO, neu: § 24 b Sozialgesetzbuch V).

Aus verfassungsrechtlichen Gründen wäre es im Gegenteil geboten, sicherzustellen, daß Krankenkassen und Beihilfebehörden in Fällen sozialer Indikation für die Kosten der Abtreibung nicht einstehen dürfen - und erst recht nicht in indikationslosen Fällen. Zur Kostentragung sollten in erster Linie die Väter verpflichtet sein - notfalls die Sozialhilfe. Nur so läßt sich das Unrechtsbewußtsein im allgemeinen und das Verantwortungsbewußtsein der Männer im besonderen - wachrufen (o. §§ 15 und 40). Dies ist nicht nur ein Gebot des Lebensschutzes (Art. 2 I GG), sondern auch ein Gebot des Art. 1 I

III. Einzelne Verletzungen der Menschenwürde

GG und des Gleichheitssatzes (o. § 40). Selbst die amerikanische Rechtsprechung schließt die Inanspruchnahme des öffentlichen Gesundheitssystems für nicht-therapeutische Abtreibungen aus (o. § 8).

Darüber hinaus ist folgendes zu bedenken: Wenn Krankenkassen gleichwohl auch bisher schon für Abtreibung mit zweifelhafter rechtfertigender Indikation einstanden, so kam es immer wieder zu Rechtsstreitigkeiten mit Versicherungsnehmern, die erklärten, sie wollten mit ihren Mitgliedsbeiträgen nicht an der Finanzierung rechtswidriger Abtreibungen beteiligt werden. Die Neuregelung soll ihnen erklärtermaßen dieses Argument aus der Hand schlagen. Kein Versicherter soll mehr das Recht haben, sich der uneingeschränkten Mitfinanzierung von Abtreibungen mit oder ohne Indikation zu verweigern.

Seine etwaigen moralischen Bedenken gelten als unbeachtlich. Es wird von ihm erwartet, sich an die Rechtslage zu gewöhnen und anzupassen und seine traditionellen Sittlichkeitsvorstellungen aufzugeben. Die Erwartung geht dahin, daß die Aussichtslosigkeit seines Protests ihn schließlich dahin bringen werde, sich passiv zu verhalten. Auf diese Weise wird die Bevölkerung in eine mittelbare Mittäterschaft (in einem untechnischen Wortsinn) verstrickt. Eine solche Verstrickung gehört seit alters her zu den Kennzeichen eines tyrannischen Eingriffs in die sittliche Ordnung.

Der neue "Rechtfertigungsgrund" in § 218 a StGB ist rein positivistisch gesetzt, er entbehrt der Grundlage in der Gerechtigkeit, d.h. des rechtfertigenden Charakters im Sinne von Recht und Unrecht. Was Recht und Unrecht ist, läßt sich nicht willkürlich bestimmen. Vielmehr ist im demokratischen Verfassungsstaat das gesetzte Recht im Großen und Ganzen der Versuch, zum Ausdruck zu bringen, was "an sich" Recht und Unrecht ist. Das gilt ganz besonders für das Strafrecht (o. §§ 36 f).

Es sind keineswegs alle Bürger dieses Staates in ihrem Rechtsempfinden so abgestumpft, daß sie sich vom Gesetzgeber beliebig und willkürlich in ihrem Urteil über Recht und Unrecht manipulieren lassen. Zwar hat das Gesetz - zumindest im demokratischen Verfassungsstaat - einen erheblichen Einfluß darauf, was als Recht und Unrecht empfunden wird, aber nur deshalb, weil die Menschen das Vertrauen haben, der demokratische Gesetzgeber werde Recht nicht zu Unrecht und Unrecht nicht zu Recht machen. Wird dieses Vertrauen, wie hier, in evidenter Weise enttäuscht, so gibt es zwei Reaktionsweisen: Viele lassen sich in ihrem Rechtsbewußtsein verwirren. Andere aber empören sich gegen die Zumutung, am Unrechttun beteiligt zu werden, sei es auch nur mittelbar durch Mitfinanzierung. Der gesetzliche Zwang dazu verletzt sie in ihrem sittlichen Selbstverständnis, in ihrer Ehre, in ihrem Bewußtsein, freie Bürger in einem freien Staat zu sein. Er demütigt sie und kränkt sie in ihrer Menschenwürde.

Eine Regelung, die den Menschen nur diese beiden Reaktionsweisen läßt, ist unvereinbar mit der Pflicht des Gesetzgebers, die Menschenwürde zu achten und zu schützen.

IV. § 43 Mindestbedingungen eines verfassungskonformen Gesetzes

Es ist zwar nicht Aufgabe des Bundesverfassungsgerichts, dem Gesetzgeber im Normenkontrollverfahren politische Gestaltungsvorschläge zu machen. Aber es empfiehlt sich doch zur Vermeidung neuerlicher verfassungsrechtlicher Konflikte, die grundgesetzlichen Mindesbedingungen zu skizzieren, denen jede denkbare Neuregelung genügen müßte.

Zwei grundlegende Prinzipien hat das Bundesverfassungsgericht schon in seinem Urteil vom 4. August 1992 genannt:

1. Das werdende Leben ist verfassungsrechtlich geschützt, d.h. eine wie immer geartete, sei es auch befristete "Freigabe" der Abtreibung kommt nicht in Betracht. Die Abtreibung muß - unter welchen einschränkenden Modalitäten auch immer - jedenfalls im Prinzip als rechtswidrig gelten.

2. Der Schwangerschaftsabbruch darf deshalb kein Instrument der Familienplanung sein. - Aus den Normen des Verfassungsrechts ergibt sich weiter:

3. Neben sozialen Hilfsmaßnahmen - so förderlich sie sind - ist das Strafrecht zwar nur "ultima ratio", seine Beibehaltung ist aber aus zwei Gründen unerläßlich. Einmal: Ein Unrecht von vornherein nicht mit Strafe zu bedrohen ist etwas anderes, als eine vorhandene Strafbarkeit aufzuheben. Dies müßte in der Bevölkerung als "Freigabe" verstanden werden und das Unrechtsbewußtsein beseitigen (o. § 31). Zum andern: Eine "Ersetzung" der strafrechtlichen Mißbilligung durch entsprechende Regelungen in Zivilrecht und Sozialrecht ist praktisch nicht machbar und würde überdies angesichts der untergeordneten Bedeutung dieser Rechtsgebiete für die Abtreibungsfrage sozialethisch "nicht greifen".

4. Eine Fristenlösung, die das Äquivalenz-Prinzip aller denkbaren Abtreibungsgründe (einschließlich der Geschlechtswahl) anerkennt, würde den verfassungsrechtlichen Schutz des Ungeborenen beseitigen (o. § 10).

5. Eine Zurücknahme der Strafbarkeit insbesondere für die Frau ist nicht unzulässig. Sie kann jedoch - außer allenfalls bei schwerwiegenden Indikationen - keinen Rechtfertigungscharakter haben, ohne wiederum die sozial-ethi-

sche Mißbilligung zu beseitigen und überdies unvertretbare Folgen im Zivil- und Sozialrecht auszulösen (o. §§ 11, 42).

6. Das Unterlassen des Aufsuchens der Beratungsstelle kann nur eine Ordnungswidrigkeit, keine strafbare Handlung sein (o. § 36). Umgekehrt kann der Besuch der Beratungsstelle nicht rechtfertigend wirken. Beratung als Rechtfertigungsgrund macht das Gesetz unter mehreren Aspekten verfassungswidrig (o. §§ 11, 37 - 39). Dagegen wäre eine bloße Straffreistellung, um einen Anreiz zum Besuch der Beratungsstelle zu geben, nicht verfassungswidrig.

7. Doch dürfen dann nur solche Beratungseinrichtungen im Rahmen des strafrechtlich relevanten Beratungssystems anerkannt und gefördert werden, bei denen zuverlässig gewährleistet ist, daß sie sich das gesetzliche Ziel des Lebensschutzes zu eigen gemacht haben und ihm tatsächlich dienen (o. § 29).

8. Wertungswidersprüche zu anderen Gesetzen, z.B. zum Embryonenschutzgesetz, sind mit dem Gleichheitssatz und dem Rechtsstaatsprinzip nicht vereinbar (o. § 12).

9. Der Gesetzgeber darf Ärzte nicht zur Verletzung des ärztlichen Standesrechts zu verleiten suchen (o. § 41).

10. Er hat sicherzustellen, daß die Kosten für die Abtreibung in Fällen sozialer (oder fehlender) Indikation nicht von Krankenkassen und Beihilfebehörden getragen werden. Hierfür haben in erster Linie die Väter und notfalls die Sozialhilfebehörden einzustehen (o. § 42).

11. Väter sind auch aus Gründen des Gleichheitssatzes und der Menschenwürde soweit wie möglich in die Verantwortung einzubinden (o. § 40).

Anhang

Anhang A - Die strittige Neuregelung vom 27. Juli 1992

§ 218 StGB Schwangerschaftsabbruch

(1) Wer eine Schwangerschaft abbricht, wird mit Freiheitsstrafe bis zu drei Jahren oder mit Geldstrafe bestraft. Handlungen, deren Wirkung vor Abschluß der Einnistung des befruchteten Eies in der Gebärmutter eintritt, gelten nicht als Schwangerschaftsabbruch im Sinne dieses Gesetzes.

(2) In besonders schweren Fällen ist die Strafe Freiheitsstrafe von sechs Monaten bis zu fünf Jahren. Ein besonders schwerer Fall liegt in der Regel vor, wenn der Täter
 1. gegen den Willen der Schwangeren handelt oder
 2. leichtfertig die Gefahr des Todes oder einer schweren Gesundheitsschädigung der Schwangeren verursacht.

(3) Begeht die Schwangere die Tat, so ist die Strafe Freiheitsstrafe bis zu einem Jahr oder Geldstrafe.

(4) Der Versuch ist strafbar. Die Schwangere wird nicht wegen Versuchs bestraft.

§ 218 a Straflosigkeit des Schwangerschaftsabbruchs

(1) Der Schwangerschaftsabbruch ist nicht rechtswidrig, wenn
 1. die Schwangere den Schwangerschaftsabbruch verlangt und dem Arzt durch eine Bescheinigung nach § 219 Abs. 3 Satz 2 nachgewiesen hat, daß sie sich mindestens drei Tage vor dem Eingriff hat beraten lassen (Beratung der Schwangeren in einer Not- und Konfliktlage),
 2. der Schwangerschaftsabbruch von einem Arzt vorgenommen wird und
 3. seit der Empfängnis nicht mehr als zwölf Wochen vergangen sind.

(2) ... (medizinische Indikation)

(3) ... (eugenische Indikation)

(4) Die Schwangere ist nicht nach § 218 strafbar, wenn der Schwangerschaftsabbruch nach Beratung (§ 219) von einem Arzt vorgenommen worden ist und seit der Empfängnis nicht mehr als zweiundzwanzig Wochen verstrichen sind. Das Gericht kann von Strafe nach § 218 absehen, wenn die Schwangere sich zur Zeit des Eingriffs in besonderer Bedrängnis befunden hat.

§ 218 b ... (Einzelheiten zur medizinischen und eugenischen Indikation)

§ 219 Beratung der Schwangeren in einer Not- und Konfliktlage
(1) Die Beratung dient dem Lebensschutz durch Rat und Hilfe für die Schwangere unter Anerkennung des hohen Wertes des vorgeburtlichen Lebens und der Eigenverantwortung der Frau. Die Beratung soll dazu beitragen, die im Zusammenhang mit der Schwangerschaft bestehende Not- und Konfliktlage zu bewältigen. Sie soll die Schwangere in die Lage versetzen, eine verantwortungsbewußte eigene Gewissensentscheidung zu treffen. Aufgabe der Beratung ist die umfassende medizinische, soziale und juristische Information der Schwangeren. Die Beratung umfaßt die Darlegung der Rechtsansprüche von Mutter und Kind und der möglichen praktischen Hilfen, insbesonderer solcher, die die Fortsetzung der Schwangerschaft und die Lage von Mutter und Kind erleichtern. Die Beratung trägt auch zur Vermeidung künftiger ungewollter Schwangerschaften bei.
(2) Die Beratung hat durch eine auf Grund des Gesetzes anerkannte Beratungsstelle zu erfolgen. Der Arzt, der den Schwangerschaftsabbruch vornimmt, ist als Berater ausgeschlossen.
(3) Die Beratung wird nicht protokolliert und ist auf Wunsch der Schwangeren anonym durchzuführen. Die Beratungsstelle hat über die Tatsache, daß eine Beratung gemäß Absatz 1 stattgefunden hat und die Frau damit die Informationen für ihre Entscheidungsfindung erhalten hat, sofort eine mit Datum versehene Bescheinigung auszustellen.

§ 219 a ... (Werbung für Abtreibung)

§ 219 b ... (Inverkehrbringung von Abtreibungsmitteln)

Artikel 15
Das Fünfte Gesetz zur Reform des Strafrechts vom 18.Juni 1974... wird wie folgt geändert:...
(2) Die zuständige oberste Landesbehörde stellt ein ausreichendes und flächendeckendes Angebot sowohl ambulanter als auch stationärer Einrichtungen zur Vornahme von Schwangerschaftsabbrüchen sicher.

Anhang B - Die geltende Regelung von 1976

§ 218 Abbruch der Schwangerschaft.

(1) Wer eine Schwangerschaft abbricht, wird mit Freiheitsstrafe bis zu drei Jahren oder mit Geldstrafe bestraft.

(2) In besonders schweren Fällen ist die Strafe Freiheitsstrafe von sechs Monaten bis zu fünf Jahren. Ein besonders schwerer Fall liegt in der Regel vor, wenn der Täter

1. gegen den Willen der Schwangeren handelt oder
2. leichtfertig die Gefahr des Todes oder einer schweren Gesundheitsschädigung der Schwangeren verursacht.

Das Gericht kann Führungsaufsicht anordnen (§ 68 Abs.1).

(3) Begeht die Schwangere die Tat, so ist die Strafe Freiheitsstrafe bis zu einem Jahr oder Geldstrafe. Die Schwangere ist nicht nach Satz 1 strafbar, wenn der Schwangerschaftsabbruch nach Beratung (§218b Abs.1 Nr.1 und 2) von einem Arzt vorgenommen worden ist und seit der Empfängnis nicht mehr als zweiundzwanzig Wochen verstrichen sind. Das Gericht kann von einer Bestrafung der Schwangeren nach Satz 1 absehen, wenn sie sich zur Zeit des Eingriffs in besonderer Bedrängnis befunden hat.

(4) Der Versuch ist strafbar. Die Frau wird nicht wegen Versuchs bestraft.

218 a Indikation zum Schwangerschaftsabbruch.

(1) Der Abbruch der Schwangerschaft durch einen Arzt ist nicht nach § 218 strafbar, wenn

1. die Schwangere einwilligt und
2. der Abbruch der Schwangerschaft unter Berücksichtigung der gegenwärtigen und zukünftigen Lebensverhältnisse der Schwangeren nach ärztlicher Erkenntnis angezeigt ist, um eine Gefahr für das Leben oder die Gefahr einer schwerwiegenden Beeinträchtigung des körperlichen oder seelischen Gesundheitszustandes der Schwangeren abzuwenden, und die Gefahr nicht auf eine andere für sie zumutbare Weise abgewendet werden kann.

(2) Die Voraussetzungen des Absatzes 1 Nr. 2 gelten auch als erfüllt, wenn nach ärztlicher Erkenntnis

1. dringende Gründe für die Annahme sprechen, daß das Kind infolge einer Erbanlage oder schädlicher Einflüsse vor der Geburt an einer nicht behebbaren Schädigung seines Gesundheits zustandes leiden würde, die so schwer wiegt, daß von der Schwangeren die Fortsetzung der Schwangerschaft nicht verlangt werden kann,
2. an der Schwangeren eine rechtswidrige Tat nach den §§ 176 bis 179 begangen worden ist und dringende Gründe für die Annahme sprechen, daß die Schwangerschaft auf der Tat beruht, oder
3. der Abbruch der Schwangerschaft sonst angezeigt ist, um von der Schwangeren die Gefahr einer Notlage abzuwenden, die
   a) so schwer wiegt, daß von der Schwangeren die Fortsetzung der Schwangerschaft nicht verlangt werden kann, und
   b) nicht auf eine andere für die Schwangere zumutbare Weise abgewendet werden kann.

(3) In den Fällen des Absatzes 2 Nr. 1 dürfen seit der Empfängnis nicht mehr als zweiundzwanzig Wochen, in den Fällen des Absatzes 2 Nr. 2 und 3 nicht mehr als zwölf Wochen verstrichen sein.

§ 218 b Abbruch der Schwangerschaft ohne Beratung der Schwangeren.

(1) Wer eine Schwangerschaft abbricht, ohne daß die Schwangere

1. sich mindestens drei Tage vor dem Eingriff wegen der Frage des Abbruchs ihrer Schwangerschaft an einen Berater (Absatz 2) gewandt hat und dort über die zur Verfügung stehenden öffentlichen und privaten Hilfen für Schwangere, Mütter und Kinder beraten worden ist, insbesondere über solche Hilfen, die die Fortsetzung der Schwangerschaft und die Lage von Mutter und Kind erleichtern, und

2. von einem Arzt über die ärztlich bedeutsamen Gesichtspunkte beraten worden ist, wird mit Freiheitsstrafe bis zu einem Jahr oder mit Geldstrafe bestraft, wenn die Tat nicht in § 218 mit Strafe bedroht ist. Die Schwangere ist nicht nach Satz 1 strafbar.

(2) Berater im Sinne des Absatzes 1 Nr. 1 ist

1. eine von der Behörde oder Körperschaft, Anstalt oder Stiftung des öffentlichen Rechts anerkannte Beratungsstelle oder

2. ein Arzt, der nicht selbst den Schwangerschaftsabbruch vornimmt und

a) als Mitglied einer anerkannten Beratungsstelle (Nummer 1) mit der Beratung im Sinne des Absatzes 1 Nr. 1 betraut ist,

b) von einer Behörde oder Körperschaft, Anstalt oder Stiftung des öffentlichen Rechts als Berater anerkannt ist oder

c) sich durch Beratung mit einem Mitglied einer anerkannten Beratungsstelle (Nummer 1), das mit der Beratung im Sinne des Absatzes 1 Nr. 1 betraut ist, oder mit einer Sozialbehörde oder auf andere geeignete Weise über die im Einzelfall zur Verfügung stehenden Hilfen unterrichtet hat.

(3) Absatz 1 Nr. 1 ist nicht anzuwenden, wenn der Schwangerschaftsabbruch angezeigt ist, um von der Schwangeren eine durch körperliche Krankheit oder Körperschaden begründete Gefahr für ihr Leben oder ihre Gesundheit abzuwenden.

§ 219 Abbruch der Schwangerschaft ohne ärztliche Festellung.

(1) Wer eine Schwangerschaft abbricht, ohne daß ihm die schriftliche Feststellung eines Arztes, der nicht selbst den Schwangerschaftsabbruch vornimmt, darüber vorgelegen hat, ob die Voraussetzungen des § 218a Abs.1 Nr.2, Abs.2 und 3 gegeben sind, wird mit Freiheitsstrafe bis zu einem Jahr oder mit Geldstrafe bestraft, wenn die Tat nicht in § 218 mit Strafe bedroht ist. Die Schwangere ist nicht nach Satz 1 strafbar.

(2) Ein Arzt darf Festellungen nach Absatz 1 nicht treffen, wenn ihm die zuständige Stelle dies untersagt hat, weil er wegen einer rechtswidrigen Tat nach Absatz 1 oder den §§ 218, 218b, 219a, 219b oder 219c oder wegen einer anderen rechtswidrigen Tat, die er im Zusammenhang mit einem Schwangerschaftsabbruch begangen hat, rechtskräftig verurteilt worden ist. Die zuständige Stelle kann einem Arzt vorläufig untersagen, Feststellungen nach Absatz 1 zu

treffen, wenn gegen ihn wegen des Verdachts einer der in Satz 1 bezeichneten rechtswidrigen Taten das Hauptverfahren eröffnet worden ist.

§ 219a Unrichtige ärztliche Feststellung.
(1) Wer als Arzt wider besseres Wissen eine unrichtige Festellung über die Voraussetzungen des § 218a Abs.1 Nr. 2, Abs.2 und 3 zur Vorlage nach § 219 Abs. 1 trifft, wird mit Freiheitsstrafe bis zu zwei Jahren oder mit Geldstrafe bestraft, wenn die Tat nicht in § 218 mit Strafe bedroht ist.
(2) Die Schwangere ist nicht nach Absatz 1 strafbar.

§ 219b ... (Werbung für die Abtreibung)

§ 219c ... (Inverkehrbringung von Abtreibungsmitteln)

Printed by Libri Plureos GmbH
in Hamburg, Germany